CHANGER LES COUPLES

Ont été publiés par ESF éditeur

M.H. ERICKSON, *L'Hypnose thérapeutique,* quatre conférences.
J. HALEY *Tacticiens du pouvoir,* Jésus-Christ, le psychanalyste, le schizophrène et quelques autres.

L'école d'hypnothérapie française doit plusieurs ouvrages à J.-A. MALAREWICZ :

Cours d'hypnose clinique, études éricksoniennes.
Milton H. Erickson, de l'hypnose clinique à la psychothérapie stratégique (en collaboration avec J. GODIN).
La stratégie en thérapie, ou l'hypnose sans hypnose de Milton H. Erickson.

L'œuvre de Cloé MADANES, représentant avec Jay HALEY l'école de thérapie familiale stratégique, s'inspire également des pratiques éricksoniennes.

Cet ouvrage paru en anglais sous le titre
Changing Couples,
est le volume II de :
Conversations with Milton H. Erickson M.D. (3 volumes)
publié par
Triangle Press - W.W. Norton & Co., New York

ISBN 2.7101.0803.8

Jay HALEY

CHANGER LES COUPLES

Conversations avec Milton H. Erickson

Traduit de l'anglais
par Brigitte Camdessus

Préface de
Brigitte Camdessus et Bernard Prieur

ESF éditeur
17, rue Viète, 75017 PARIS

COLLECTION SCIENCES HUMAINES APPLIQUÉES

fondée par le Professeur Paul Sivadon
et dirigée par le Docteur Jean-Claude Benoit
avec le concours du Docteur Jean Guilhot et du Docteur André Mathé

Voir en fin d'ouvrage la liste des titres disponibles.

SOMMAIRE

Préface, Brigitte Camdessus, Bernard Prieur 9
Introduction 15

1. AMOUR ET MARIAGE 17

Le couple qui partageait tout 18
Le couple qui a appris à moins se disputer 20
L'homme en analyse pendant 28 ans 22
L'homme qui repoussait son mariage 22
Le patient qui craignait les maisons de trois étages 24
Le médecin qui n'a pas épousé la femme qu'il aimait 25
La femme qui invite sa meilleure amie pendant son voyage de noces 27
L'homme qui retarde l'heure de son mariage pour dire au revoir aux copains 28
La fille dévergondée qui tombe amoureuse 28

2. SECRET PROFESSIONNEL, DOMINATION, ILLOGISME 31

Le couple qui a besoin d'être mis en colère contre le thérapeute 35
Le couple de psychologues rigides qui ne supportaient pas le bazar 36
L'homme qui évitait compulsivement de toucher les seins de sa femme 38
L'homme méticuleux et sa femme qui échangent leurs menus ... 40
La femme dominatrice de son mari restaurateur 48
Le mari qui suit sa femme quand elle fait le ménage 52
L'homme que son voisin regarde tondre le gazon 54
La femme aphasique et les poissons tropicaux 57

3. SUSPICION, ENTRETIENS DE COUPLES, QUERELLES . 61

Le mari qui voulait partager ses dettes 62
Le couple qui passe son voyage de noces dans une chambre d'hôtel 64
La femme qui tombe enceinte après la vasectomie de son mari . . 68
Le couple qui se dispute pour aller au cinéma 73
Le couple qui repousse à plus tard sa querelle au sujet de la belle-mère 74
La femme qui veut empêcher son mari de gaspiller l'argent 76
Le mari angoissé quand sa femme quitte la maison 77

4. ENCOURAGER LES RECHUTES, DONNER DES DIRECTIVES 79

La femme frigide qui a épousé un Don Juan 81
La femme dont l'anesthésie disparaît dans la salle d'opération . . 90
Une femme victime de son mari paranoïaque 94

5. SEXE, PLAISIR ET IMPUISSANCE 99

Le cas de l'éjaculation précoce 100
L'étudiant impuissant, subjugué par la beauté de sa femme 103
La femme qui voulait provoquer une érection 104
Le couple rigide qui doit faire l'amour pour le plaisir 106
La jeune fille phobique qui montera dans le train à reculons 108
La femme sur le compte de qui son mari dit des choses horribles 111
Un professeur apprend à éjaculer 113
Le patient cardiaque dont la femme est déprimée 117
La femme qui vient à bout de la phobie cardiaque de son mari . 118
Le mari qui passe douze ans à réparer sa voiture 119

6. MÉTAPHORES ET EXPÉRIENCES TRAUMATISANTES . 121

La patiente réticente à enlever son corsage 123
La vasectomie comme cadeau de mariage 124
La femme qui reçoit le conseil de divorcer 127
Une patiente qui a décidé de divorcer 128
Quand Erickson rencontre le couple dans la salle d'attente 129

7. CHANGEMENTS DE POINTS DE VUE ET TECHNIQUES D'ENTRETIEN 133

L'homme qui découvre en quoi sa femme est différente des autres femmes 133

La femme qui avait été mariée quatorze fois 141

Le mari qui doit trouver les bouteilles de whisky cachées par sa femme 142

La femme, le mari et la bonne 144

PRÉFACE

S'asseoir dans un coin du bureau de Milton Erickson et écouter la conversation, c'est à quoi Jay Haley nous a conviés en publiant les entretiens de la première équipe de Palo Alto avec ce thérapeute « hors du commun ». L'enregistrement conserve toute sa spontanéité au dialogue et en fait ressortir l'actualité. La pensée d'Erickson n'a pas vieilli et ses méthodes sont plus que jamais utilisables en 1990. Par contre, elles paraissaient révolutionnaires à l'époque. Elles étaient difficiles à comprendre pour Jay Haley et pour John Weakland, encore très influencés par le standard non directiviste des années 1950. « Dans un tel contexte, souligne Jay Haley dans son introduction, les thérapies d'Erickson paraissaient étranges et déroutantes et nous avons dû lutter pour assimiler ce qui semblera évident, au moins pour nous, dix ou vingt ans plus tard. Au temps de ces conversations, le fait de conduire les thérapies d'une façon si différente l'isolait de ses collègues. Mais depuis, l'expérience thérapeutique a été dans son sens. Les entretiens de couples et de familles aussi bien que la thérapie stratégique sont reconnus pour être de bons moyens de faire changer les gens. »

A chaque entretien, Jay Haley arrive avec des questions précises et poursuit son interrogation jusqu'à obtenir une réponse satisfaisante. Ce sont ses premiers pas vers une approche stratégique. Il reste aujourd'hui encore thérapeute, théoricien et le principal héritier des stratégies et de la créativité de Milton Erickson. John Weakland paraît, à première vue, plus attentiste. On le voit surtout commenter les déclarations de Milton Erickson ou demander une explication complémentaire. Aurait-il plus de difficultés à se démarquer de la non-directivité ambiante ? Ce ne sera pas le cas par la suite. Quant à Gregory Bateson, son intérêt est centré uniquement sur la communication humaine, objet de sa recherche. Ses rares interventions en témoignent et en particulier son dialogue avec Milton Erickson au début du deuxième chapitre. En résumé, avec des personnalités et des attentes diverses, ils font parler Milton Erickson de son expérience thérapeutique très particulière. Les conversations réunies dans ce volume tournent autour de deux thèmes. Qu'est-ce qu'un mariage réussi ? Comment aider les couples à changer ?

Qu'est-ce qu'un mariage réussi ?

« Si vous vouliez décrire un mariage réussi, demande Jay Haley, que diriez-vous ? » Les réponses de Milton Erickson sont souvent déconcertantes et certains pourraient, de prime abord, lui prêter des idées préconçues sur le fonctionnement des couples, sur ce qui est bon ou mauvais pour les gens. Une lecture plus attentive fait apparaître au contraire une absence totale d'idées toutes faites sur la réussite d'un couple. Il déclare : « La prémisse essentielle est qu'il existe des mariages réussis. Mais ce qui est un bon mariage pour vous peut en être un mauvais pour moi. Et le mariage réussi pour moi sera un échec pour vous. Autrement dit, un mariage heureux est possible pour chacun d'entre nous. » Il n'y a donc pas de norme applicable à tous mais un subtil équilibre construit lentement par chaque couple.

Car pour Milton Erickson, un mariage se construit et il y a plusieurs façons de bâtir un couple durable. La première est de faire le vide, de nettoyer la maison pour le nouvel amour, comme Marie dont l'histoire clôt le premier chapitre. Une méthode plus éducative consiste à faire prendre conscience de son propre corps ou à découvrir le corps de l'autre. L'homme qui évitait compulsivement les seins de sa femme doit, par exemple, donner un nom aux « jumeaux ». En effet, Milton Erickson ne répugne pas à un aspect explicatif, voire éducatif dans l'élaboration du couple, ni de montrer à ses patients que certaines choses « collent » dans leur mariage et d'autres non. L'amour ne consiste pas à tout partager. Cette illusion crée des situations folles et invivables si mari et femme ont des goûts différents ou si l'un apporte ses économies et l'autre ses dettes.

Pour Milton Erickson, l'amour se bâtit par strates successives à partir de l'enfance et il décrit les quatre façons d'aimer au début du premier chapitre. L'édifice culmine dans la maturité, le stade adulte de l'amour où un homme n'aime pas seulement la cuisine de sa femme mais son bonheur de faire la cuisine ou sa joie de danser. Cette faculté de mettre sa joie dans le plaisir de l'autre est le plus sûr fondement d'un mariage durable. Les couples qui viennent en thérapie se sont-ils tous arrêtés à un stade antérieur du développement de l'amour ?

Une question se pose alors : qu'est-ce qu'un couple ? Que signifie une vie de couple ? Comment apprend-on à partager le quotidien et l'intimité de l'autre ? Il est étonnant de voir combien la psychologie traditionnelle a multiplié les ouvrages sur l'enfant et l'adolescent et a rarement écrit sur le couple. Pourtant, en cette fin du XXe siècle, l'enfance et l'adolescence durent une vingtaine d'années alors qu'on peut rester marié quarante, cinquante, voire soixante ans. On a appris aux parents à élever leurs enfants, à éduquer les adolescents, mais où et quand apprend-on à vivre en couple ? Bien peu de temps et d'énergie sont consacrés à cet apprentissage essentiel. Ce n'est pas par crainte de dévoiler l'intimité sexuelle car celle-ci s'étale largement sur les grands et les petits écrans. Est-ce parce qu'en parlant du couple on va nier l'individu ? L'entité couple serait-elle alors moins importante que l'entité enfant ou adolescent ? Ou bien est-ce que le fait de parler du couple semblerait « ringard », classique ou normalisant ? A travers ce livre on comprend que si un enfant s'éduque, un couple se construit, s'élabore dans le temps pour faire face aux crises successives, y compris celles de la maturité, de la retraite et du grand âge. Avec son style très direct, Milton Erickson met le doigt sur une évidence dont souvent il nous semble presque honteux de parler. Pense-t-on que cela s'apprend en famille ? Et que faire au moment où tant de couples échouent et divorcent ? Nous n'avons pas la réponse mais nous devons remercier Milton Erickson d'aborder ce problème aussi simplement.

Comment changer les couples ?

Qu'est une thérapie de couple ? La définition qu'en donne Milton Erickson est très pragmatique et loin de toute théorisation : « La thérapie consiste d'abord à amener les gens à se conduire de façon adéquate dans la réalité. Dans ce cadre quotidien, il faut vivre, manger, réagir aux événements et préparer le lendemain. » Si on ajoute l'aspect éducatif dont nous parlions plus haut, Milton Erickson paraît, de prime abord, très terre à terre et assez éloigné de la conception européenne du travail avec les couples. Par contre, au service de cette vision, simple et très spécifique de la thérapie, il mobilise des trésors de créativité et d'invention stratégique. Il utilise tous les moyens mis à sa disposition y compris l'hypnose. La fin justifie-t-elle les moyens ? Il semble que non, car une éthique très rigoureuse sous-tend tout le travail de Milton Erickson, comme il l'explique à propos d'un cas particulièrement difficile.

Une partie importante de la thérapie consiste en des tâches à accomplir entre les séances qui rappellent la pratique de l'école milanaise de thérapie familiale. Mais dans certaines situations, Milton Erickson n'hésite pas à provoquer des confrontations dramatiques, celle de Joe qui découvre comment sa femme est différente des autres ou celle de la femme mariée quatorze fois. En bien des domaines, Milton Erickson se montre particulièrement innovatif et précurseur. Dès cette époque, il se sert de la puissance du symptôme pour le combattre. Il dit par exemple : « En thérapie vous résolvez souvent le problème en utilisant la compulsion névrotique dans un but thérapeutique. » Il agit de même avec les phobiques : « Vous utilisez la phobie elle-même. Le patient construit sa phobie avec énormément de force et de vigueur et vous vous servez de cette force. » C'est déjà l'annonce de ce qui deviendra la prescription du symptôme ou l'utilisation du symptôme en psychothérapie. Depuis, cette idée a fait très largement son chemin dans toutes les écoles de thérapies familiales américaines et européennes, mais dans les années 1950, c'était vraiment une découverte.

Milton Erickson va même plus loin dans sa créativité et utilise des méthodes à première vue un peu folles. Pour sortir d'une situation bloquée tels qu'une aphasie, un problème d'alcoolisme ou l'impossibilité de maintenir une anesthésie hypnotique, il crée un cadre absurde, insupportable pour provoquer une réponse différente. Jay Haley explicite ainsi l'idée de Milton Erickson : « Vous créez des situations invivables et vous posez des problèmes insolubles pour les obliger à trouver des solutions différentes de celles utilisées dans le passé. » « C'est cela », dit Milton Erickson. Et Jay Haley commente : « C'est un principe Zen. » « Oui, le Koan », ajoute Gregory Bateson. Après des années de pratique, beaucoup d'entre nous se sont habitués à ce genre de prescription, mais il y a trente ans elles pouvaient sembler « loufoques ». Les patients viennent vous voir avec une grave difficulté et vous commencez par l'amplifier, par créer une situation encore plus invivable. Mais parler de langage des patients, c'est parfois être aussi illogiques qu'eux. Et Milton Erickson fait remarquer : « Vous ne pouvez pas lutter contre l'absurdité. Les gens n'ont pas des problèmes parce qu'ils raisonnent froidement, intelligemment, logiquement. Ils ont des problèmes parce qu'ils sont déraisonnables et illogiques. Par conséquent, vous devez les rencontrer sur leur terrain, le terrain de l'illogisme. » *L'ordeal therapy* de Jay Haley où la tâche à accomplir est plus éprouvante que le symptôme va bien dans le même sens.

Une autre ligne de recherche combine la provocation à un nouveau type de réponse et l'absence de normativité. Elle touche d'abord certains couples voués à l'échec. Dans ce cas Milton Erickson prédira l'échec, non pour avoir raison ou pour montrer sa compétence thérapeutique, mais en introduisant un peu de sable dans les rouages pour inciter le couple à lui donner tort. Une approche similaire consiste à tirer le meilleur parti de la situation présente. C'est le cas de cet homme de 48 ans qui a toujours repoussé la décision de se marier et d'avoir des enfants. Il épousera une femme de 46 ans et ils s'occuperont ensemble de la troupe scoute et de la préparation d'Halloween. Enfin, cette idée se confirme au début du chapitre 4 où est discuté le thème des rechutes et de la stabilisation du changement : « Vous devez les encourager à revenir à leur ancien modèle (...) et y choisir ce qui mérite d'être conservé », dit Milton Erickson.

Une dernière technique caractéristique de Milton Erickson est de savoir allier une vision globale de la complexité des problèmes et un grand souci du détail. De la même façon que, faire décrire à un patient cancéreux tous les aspects de sa souffrance, peut soulager sa douleur, de même, pousser l'analyse dans le détail, peut guérir certains troubles sexuels, comme l'impuissance, l'éjaculation précoce, ou l'absence d'éjaculation. Cette préoccupation du détail aide à inventer des stratégies, mais elle est rarement mise en avant par les thérapeutes familiaux, plus soucieux d'une approche globalisante. Elle permet pourtant de mieux supporter la souffrance, de reconstruire le désir sexuel, d'apprendre à éjaculer. Elle donne l'idée de promener un couple dans toute la ville pour le faire arriver à un restaurant situé à cinq minutes de son domicile ou à envoyer camper avec sa femme un mari trop formaliste. C'est une image un peu différente du travail systémique, mais très efficace car cette analyse fine de la réalité quotidienne des couples rend le thérapeute très proche de ses clients. Il entre vraiment sur le terrain pour jouer la partie avec eux. L'engagement est total avec chaque couple mais il est personnalisé et fait sur mesure.

Finalement qu'est-ce que changer un couple ? Tout au long de ce livre, on voit Milton Erickson s'évertuer à modifier la position des deux conjoints au sein du couple. Et c'est ce déplacement, ce changement de position qui va transformer la relation et rendre ce couple capable de continuer à vivre ensemble ou de se séparer, au lieu de rester bloqué. Il n'y a pas de règle fixe. On peut recevoir le mari et la femme ensemble ou séparément.

A certains moments, un travail individuel peut être favorisé, mais Milton Erickson sait aussi inciter l'autre à demander un rendez-vous. Tout cela avec un intarissable humour car il n'est pas interdit de rire et de faire rire les patients en thérapie.

Brigitte CAMDESSUS, Bernard PRIEUR
Centre d'Etudes Cliniques des Communications Familiales

INTRODUCTION

Ces conversations avec Milton H. Erickson se sont déroulées au cours des années cinquante et soixante, au moment où il expérimentait une nouvelle approche thérapeutique. Bien des aspects des thérapies ont été abordés avec lui à cette époque. J'ai choisi pour ce volume les entretiens concernant sa vision de la thérapie avec les couples. D'autres tomes traitent des individus et des familles avec des enfants. Naturellement, des problèmes de couples surgissent souvent quand on traite des individus ou des familles, mais, ici, tout sera centré sur la question du mariage.

Les interviews de M. H. Erikson sont conduites le plus souvent par John Weakland et moi. Parfois Gregory Bateson nous rejoignait. L'étude de cette approche thérapeutique a fait partie du projet de recherche de Bateson sur la communication. John Weakland et moi avons rendu visite à Erickson régulièrement pendant des années pour parler avec lui de la nature de l'hypnose et de sa façon de mener les thérapies. Quand il passait par San Francisco, l'équipe de Bateson se réunissait avec lui pour faire le point sur ses idées et son travail, et Bateson assistait souvent à ces entretiens. En étudiant le processus de changement de la communication humaine, nous pensions arriver à mieux comprendre le mécanisme de cette communication.

Les conversations étaient menées uniquement dans un but de recherche et sans aucune idée de publication. De ce fait, elles ne constituent pas des textes choisis pour faire connaître la vision du monde d'Erickson. L'existence des enregistrements a permis de les transcrire et d'utiliser ses propres mots pour présenter son travail. En parlant avec lui, nous nous sommes attachés à explorer la nature de la communication et avons tenté de répondre à certaines questions spécifiques de notre recherche. John Weakland et moi étions également thérapeutes et notre intérêt scientifique se doublait d'une utilité pratique.

Au sein des conversations avec Erickson touchant les thérapies de couples, j'en ai choisi de différentes périodes et je les ai assemblées dans un ordre aussi cohérent que possible. Les entretiens avec lui couvrent de nombreux sujets. Ils se déroulaient en plusieurs séquences, interrompues souvent par des patients, des coups de téléphone ou des arrêts entre deux réunions. Le lecteur pourrait souhaiter qu'un débat brusquement abandonné se poursuive, mais c'était impossible dans ces circonstances.

Quand nous avons commencé ces conversations, la méthode thérapeutique d'Erickson était si exceptionnelle que nous la comprenions difficilement. À l'époque, les normes de la thérapie psychodynamique supposaient un thérapeute non directif, écoutant passivement. Dans un tel contexte, les thérapies d'Erickson paraissaient étranges et déroutantes et nous avons dû lutter pour assimiler ce qui semble évident, au moins pour nous, vingt ou trente ans plus tard. Au temps de ces conversations, le fait de conduire les thérapies d'une façon si différente l'isolait de ses collègues. Mais, depuis, l'expérience thérapeutique a été dans son sens. Les entretiens de couples et de familles, aussi bien que la thérapie stratégique, sont reconnus pour être de bons moyens de faire changer les gens.

En dehors des corrections de rédaction et de l'organisation des conversations de différentes années, les entretiens sont retranscrits mot à mot. Tout est reproduit dans les termes originaux. Les chercheurs pourront trouver une copie des enregistrements des conversations à la Fondation Erickson de Phoenix (Arizona, États-Unis). Les lecteurs de mon livre *Uncommon Therapy*[1] retrouveront ici plusieurs cas qu'ils connaissent, puisque certaines des conversations ont fourni le matériel de base de cet ouvrage.

1. Norton, 1973. *Un thérapeute hors du commun,* EPI, 1984, pour l'édition française.

1

AMOUR ET MARIAGE

Milton Erickson, Jay Haley et John Weakland

Jay Haley — Si vous vouliez décrire un mariage réussi, que diriez-vous ?

Milton Erickson — Pour parler de mariage réussi, je montre surtout à mes patients quelles sont les quatre sortes d'amour. La forme infantile : « Je m'aime moi. » L'étape suivante : « Je m'aime en toi. Je t'aime parce que tu es mon frère, ma mère, mon père, ma sœur, mon chien. Le *moi* en *toi.* » Puis vient l'amour de l'adolescent : « Je t'aime parce que ta façon de danser me plaît, ta beauté me plaît ou ton intelligence me plaît. » Enfin l'amour adulte s'exprime ainsi : « Je veux t'aimer, te chérir et je voudrais te voir heureux car mon bonheur est ton bonheur. Plus tu es heureux plus je le suis. Je trouve mon bonheur dans le tien. Ton plaisir et ta recherche intellectuelle m'émerveillent. Je me complais dans ta joie de danser. » La maturité de l'amour est l'aptitude à prendre plaisir de la jouissance de l'autre. Et c'est réciproque.

Haley — Mais, plus simplement, de quoi est constitué un mariage réussi ? Qu'est-ce qu'un mariage heureux ? Vous découvrez ce qui ne tourne pas rond dans un couple par contraste ou par opposition à ce qui marcherait bien.

Erickson — Oui. Donc, dans un mariage réussi vous trouvez un peu de : « Je m'aime moi. » Vous y voyez une part de : « Je m'aime en toi. » Puis « l'adolescent qui subsiste en *moi* se complaît dans tes extraordinaires qualités ». Mais, pour finir, il faut un pourcentage très important de plaisir de voir l'autre heureux. Il ne suffit pas d'aimer la cuisine de votre femme, vous devez aussi aimer *sa* joie de *faire* la cuisine. Il est insuffisant d'être content qu'elle joue avec les enfants quand vous travaillez. Vous souhaiterez aimer le plaisir qu'elle prend avec les enfants, même si vous ne comprenez pas très bien comment elle trouve tant de satisfaction à s'occuper d'eux. Vous êtes incapable de comprendre mais vous êtes heureux de sa joie. Aussi longtemps que dure ce bonheur inexplicable, vous serez heureux. Je fais souvent remarquer aux couples que le bonheur conjugal est lié au fait d'accorder à l'autre le privilège de jouir de ces choses très particulières qui lui plaisent tant. Se réjouir du bonheur de l'autre. Voyez-vous, je souligne cette maturité, ce stade adulte de l'amour.

Je cherche un exemple. Une femme dira : « Je ne comprends pas comment mon mari, professeur d'anthropologie à l'université, peut aimer ces stupides westerns. Mais, pour des raisons étranges, inexplicables ou infantiles, il les adore. Je connais ses acteurs préférés et je regarde toujours les programmes pour lui dire quand l'un d'entre eux va jouer dans un film. » Elle n'arrive pas à comprendre mais elle prend beaucoup de plaisir à lui procurer une joie infantile et sans intérêt, de son point de vue. C'est si bon de voir son mari content. Cela ne fait de mal à personne. C'est limité dans le temps. Il n'en abuse pas mais il s'amuse vraiment.

Haley — Oui. Je renconte souvent ce problème conjugal. Un des deux commence à apprécier une chose que l'autre ne supporte pas.

Erickson — C'est vrai. Bien des conflits de couples sont fondés sur l'idée : « Nous devons tout partager à égalité. » Je leur montre immédiatement que l'égalité dans le partage est impossible car biologiquement ils sont des créatures complètement différentes. Je souligne cette différence biologique et le fait qu'ils ont été attirés par cette altérité et par ses qualités propres. Puis, je fais remarquer que, pour le bénéfice de leurs enfants — et tous les parents veulent le bien de leurs enfants —, ils doivent élargir au maximum le champ de leurs possibilités. Si le père et la mère font des courses et rapportent le même objet à la maison, les enfants auront cet article en abondance. Mais si la mère part et revient avec une chose, puis le père sort et ramène autre chose, les enfants auront un double choix. Ainsi la mère ira voir un ballet russe et racontera au retour les merveilles de ce ballet. Le père ira admirer les paysages du désert et, en rentrant, il fera partager sa joie aux enfants. Les enfants auront alors la chance d'apprendre à aimer à la fois les ballets et le désert.

Haley — Bien. Dans cette joie du plaisir de l'autre, vous cherchez au fond une autonomie pour chacun dans la relation de couple.

Le couple qui partageait tout

Erickson — Parfois, vous tombez sur un exemple de partage pathologique. Un couple est venu me voir. Tous deux ont eu un mariage raté. Ils ont divorcé et, quand ils se sont rencontrés, ils ont décidé de tout partager. Or, il aime les westerns et elle adore les comédies musicales. Chaque semaine, ils vont voir un western et une comédie musicale. Elle serre les dents pendant tout le western et il fait de même pendant la comédie musicale.

Ils se consolent dans la certitude de tout partager. Je leur ai fait remarquer : « Vous partagez surtout le même drame. Si je comprends bien, votre mari aime vraiment les westerns. Vous les détestez et vous restez là, assise, à grincer des dents. Vous appelez ça partager ? Vous n'êtes même pas assise sur le même fauteuil que lui. Vous partagez uniquement la proximité. » J'ai essayé de leur dire que ce serait plus agréable — j'ai sorti le journal pour le leur montrer : « Ici passe un western et là une comédie musicale ; une salle de cinéma est d'un côté de la rue et l'autre en face. Pourquoi ne pas profiter vraiment de ce que vous voyez sur l'écran au lieu de serrer les dents ? Vous pouvez aller à la séance de telle et telle heure et le film se termine à telle et telle heure. Vous vous donnez rendez-vous à la sortie du cinéma et vous allez prendre un pot ensemble. Vous aurez partagé une merveilleuse soirée. » Mais ils ne l'entendaient pas de cette oreille. Quand elle allait aux toilettes, il y allait aussi. Ils partageaient. *(Rires.)* Ils mangeaient toujours la même chose. Ils se couchaient à la même heure. Ils partageaient tout. Maintenant ils ont divorcé. Ils n'ont pas pu maintenir ce partage. D'accord, c'est une forme exagérée et pathologique de partage, mais l'autonomie est particulièrement importante car, dans un couple heureux, un partenaire fait certaines choses pendant que son conjoint en fait d'autres. Et puis chacun, séparément, fait des choses pour l'autre. Enfin, ils ont des activités communes.

Haley — En dehors du partage pathologique, je me demande quelles sont les autres causes d'échec. Quels écueils peut rencontrer un mariage ?

Erickson — Bien des gens sont élevés avec des convictions inébranlables. Dans combien de familles n'enseigne-t-on pas ces certitudes ? Vous savez, il existe une seule religion, la foi est absolument unique. Et toute personne intelligente enverra ses fils ou ses enfants à Podunk College. Aucun autre « college » des États-Unis ne mérite d'y faire ses études. Podunk College est le seul. Dans combien de familles ne trouvez-vous pas cette façon de penser ? Et puis ils se marient et la femme sort de Pumpkin City College alors que le mari était à Podunk College. Ils n'ont jamais appris à respecter les convictions d'autrui.

Haley — Si la femme a dans la tête Pumpkin City College et le mari Podunk College, les difficultés commencent au moment où chacun tente d'imposer ses idées à l'autre.

Erickson — Oui.

Haley — C'est le début des luttes d'influence et des conflits de couple ?

Le couple qui a appris à moins se disputer

Erickson — Combien de conflits de ce genre ne voit-on pas ? Quel est le nom de cette île du Delaware où les gros-boutiens et les petit-boutiens entretiennent une polémique sur la manière d'ouvrir un œuf à la coque ? Ils oublient complètement qu'on casse la coquille pour manger l'œuf. Ce point capital suffit à rendre caduque la controverse politique des gros-boutiens et des petit-boutiens sur la façon d'ouvrir un œuf. J'essaie cette tactique avec ceux de mes patients qui refusent de comprendre, je les place dans deux camps opposés. Par exemple, le 5 décembre, iront-ils pique-niquer à la rivière des Oiseaux ou à l'arboretum ? Le couple se dispose pour le combat. Ils se battent vraiment pour leur idée. Où iront-ils ce jour-là, choisi par moi ? En réalité, je sais où ils iront. Ils se disputent pendant plus d'un mois et, finalement, ils vont au rodéo de Phoenix.

Haley — Vous voulez dire que vous aviez choisi exprès le jour du rodéo ? *(Rires.)*

Erickson — J'ai choisi le jour du rodéo parce que je savais qu'ils iraient. Ce fut vraiment un combat très âpre. « Irons-nous à la rivière des Oiseaux ou à l'arboretum ? » Pourqui en faire un cheval de bataille ?

John Weakland — C'est une démonstration de l'inanité de cette dispute, n'est-ce pas ?

Erickson — Une démonstration par l'absurde qui les surprend complètement. Ils se battent à corps perdu et, soudain, ils réalisent que c'est le jour du rodéo. *(Rires.)* Alors je leur pose la question : « Sur combien d'autres points avez-vous ainsi des opinions divergentes et manquez-vous les rodéos, car vous êtes trop pris dans votre jeu pour voir arriver le rodéo ? Tous ne sont pas aussi faciles à reconnaître que le rodéo de Phoenix. » Vous pouvez utiliser un tas de petits trucs de ce genre. Si vous les amenez à reconnaître l'absurdité et la futilité des points de vue antagonistes, puis à organiser l'avenir, alors vous les remettez dans la vie réelle.

Haley — Vous paraissez avoir un ensemble de prémisses sur ce qu'est un mariage réussi et un mariage raté. Nous nous demandions si vous pourriez nous les exposer clairement.

Erickson — La prémisse essentielle est qu'il *existe* des mariages réussis. Mais ce qui est un bon mariage pour vous peut en être un mauvais pour moi. Et le mariage réussi pour moi sera un échec pour vous. Autrement dit, un mariage heureux est possible pour chacun d'entre nous : « Quel type de couple assorti, compatible avec votre personnalité, voulez-vous former ? Vous savez bien que si vous n'aviez pas épousé votre mari, votre inclination naturelle vous aurait fait choisir quelqu'un d'autre. Votre mariage avec A vous conduit à un certain type d'union réussie. Votre mariage avec B en créerait un autre. Ou encore, si votre mariage avec A est voué à l'échec, ce sera un autre genre d'échec que si vous aviez épousé B. Car A est un individu et B en est un complètement différent. » Donc vous proposez ces prémisses. Maintenant, comment votre mariage raté peut-il se transformer en réussite ? Par une mutation de vos attentes et de vos désirs. Vous pouvez avoir du filet de bœuf plein votre assiette et découvrir qu'il y a des huîtres au menu. Depuis votre mariage, vous avez espéré certaines choses pour votre couple. Apparemment, elles restent absentes. Par contre, d'autres possibilités existent. Personne n'exploite jamais *toutes* les facettes d'un mariage. La richesse de votre personnalité appartient à vous seul. Découvrir toute cette richesse prendra beaucoup de temps à votre mari, si jamais il y parvient. Pour le connaître, lui, c'est la même chose. Il vous faudra très longtemps. Alors quel est votre désir ?

Haley — Bon, admettons que ce soit, d'une certaine manière, une question d'individus. Vous devez avoir, il me semble, des idées sur la façon dont deux individus établissent une relation conflictuelle et comment d'autres l'évitent en créant un autre type de relation.

Erickson — Vous avez l'air de penser qu'il doit toujours y avoir des litiges. Dans la vie courante, avec certains de vos amis, vous écartez soigneusement de la conversation telle affaire politique, tel sujet religieux. Quand je vais voir un de mes amis à la Nouvelle-Orléans, nous avons de larges discussions, mais, d'une manière ou d'une autre, nous nous arrangeons pour ne jamais aborder la question raciale. Cela ne vient jamais sur le tapis.

Haley — Je ne dis pas qu'il doit y avoir des problèmes...

Erickson — Dans un couple, chaque partenaire doit avoir conscience de quelques aveuglements incompréhensibles chez l'autre et s'abstenir d'en faire un problème ou un objet de litige.

Haley — Laissez-moi poser la question autrement. Faisons une supposition. Au cours d'une semaine ou un peu plus, vous recevez huit couples, ou au moins huit problèmes de couples se présentent. Qu'auront-ils en commun, compte tenu de la diversité des individus ? Qu'y a-t-il de similaire dans leurs difficultés ?

Erickson — Habituellement, l'un des partenaires fait trop d'efforts pour convertir l'autre.

Weakland — Oui, et cela colle bien avec ce que Milton vient de dire sur la vision positive. Si j'ai bien compris, tirez le meilleur parti de ce que vous avez déjà, au lieu de chercher autre chose.

Haley — Oui.

L'homme en analyse pendant 28 ans

Erickson — Vous pouvez entretenir une merveilleuse et franche amitié avec quelqu'un qui vote toujours pour le mauvais candidat. *(Rires.)* Ou qui, bêtement, ne choisit pas la bonne religion. Ou qui conserve, à tort, une attitude condamnable sur le problème racial. Cela ne vous empêchera pas de rester d'excellents amis. Dans votre couple, vous pouvez vous demander *pourquoi* votre conjoint est tellement stupide et borné. Mais tous les artichauts ont des feuilles dures. Et la seule façon de manger agréablement un artichaut est d'entasser la partie dure des feuilles sur le bord de votre assiette et de la laisser de côté. Alors vous profitez de la partie tendre et délicieuse de la base de la feuille.

Haley — Ainsi, la volonté de transformer l'autre, l'effort pour le convertir est une des difficultés partagées par ces couples conflictuels.

Erickson — Ils ont cette difficulté en commun, et surtout leur insistance sur leur *droit* de convertir leur partenaire. Là est l'erreur. Ils ont le droit de penser qu'ils peuvent changer l'autre. Mais, dans ce cas, ils doivent reconnaître le même droit à leur conjoint. C'est une voie sans issue. Pourquoi bâtir sa vie sur une impasse ? Et il y a tant d'autres choses. Vous voyez, pour moi, la thérapie consiste d'abord à amener les gens à se conduire de façon adéquate dans le cadre de la réalité. Dans ce cadre quotidien, il faut vivre, manger, réagir aux événements d'aujourd'hui et préparer le lendemain. Je pense à un de mes amis. Il est en analyse depuis 28 ans. *(Rires.)* Il cherche avec persévérance à comprendre son conflit. Il aspire désespérément à tomber amoureux pour se marier, fonder une famille et avoir des enfants. Il persiste dans son ardeur à trouver quel conflit interne l'empêche d'y parvenir. Il a plus de soixante ans maintenant. Son âge dit bien qu'il ne tombera plus amoureux, qu'il n'aura pas d'enfants. Mais il continue à payer son analyste cinq heures par semaine pour explorer ce problème. Il lui suffirait de regarder le calendrier. En 1934, je lui ai dit : « Écoute, en 1940, tu devras avoir trouvé la réponse. Si tu n'es pas marié en 1940, tu ne te marieras jamais. » Aujourd'hui, je sais qu'il en parle avec son analyste. En fait, il a eu plusieurs analystes. Il a même survécu au premier. *(Rires.)* Mais, Dieu du ciel, s'il n'avait pas pu dire « oui » en 1940, c'était la fin de l'affaire.

L'homme qui repoussait son mariage

Vous voyez de ces hommes qui viennent à vous dans un état pitoyable. Ils vous disent : « J'ai été au « college »[1] et j'ai attendu d'avoir fini mes

1. Quatre premières années d'enseignement supérieur aux États-Unis.

études pour épouser cette jeune fille que j'avais connue au lycée. En fait, elle s'est mariée quand j'étais en deuxième année. Je me suis alors fiancé avec une fille du « college », mais j'ai repoussé notre mariage au-delà de l'obtention du diplôme. Elle a épousé quelqu'un d'autre. Je me suis fiancé une troisième fois, mais j'attendais d'avoir une bonne situation pour me marier. Un autre a été plus rapide que moi. Toute ma vie j'ai souhaité une femme, une famille, des enfants. Je n'ai jamais obtenu le poste convoité mais je n'ai jamais abandonné mon projet. Maintenant j'ai quarante-huit ans. Je travaille comme employé dans l'exploitation de coton de mon frère. J'ai rencontré une femme agréable. Elle est veuve, sans enfants. Sa ménopause a commencé. Dois-je l'épouser? Ma réponse a été : « Que pouvez-vous faire d'autre ? Vous avez quarante-huit ans. Vous *pourriez,* bien sûr, trouver une femme de vingt-cinq ou trente ans et avoir un enfant avec elle, mais vous n'aurez plus jamais la façon de voir une famille d'une personne de vingt-cinq ou trente ans. Vous en avez quarante-huit. Si vous avez eu peur de vous marier, d'avoir une femme et des enfants pendant tant d'années, vous feriez mieux d'accepter ce fait. Cette femme vous plaît, dites-vous, elle a quarante-six ans, elle est en pleine ménopause et elle ne sera jamais enceinte. Son mari et elle ont trop attendu pour avoir des enfants. Je crois que vous avez beaucoup de choses en commun. »

J'ai rencontré son frère un an après le mariage et je lui ai demandé des nouvelles du couple. Il m'a dit : « Mon frère est transformé. Il devient ambitieux. Sa femme et lui travaillent dur et ils se construisent une jolie maison. Elle est le pivot de tout ce qui concerne les enfants dans la commune. » Une manière sans risque d'avoir des enfants. Je ne sais pas à combien de projets pour les jeunes elle participe. Et il fait de même. Alors pourquoi m'occuperais-je, avec ce couple, de cette terrible peur du mariage et de leur commun évitement de l'engagement ? Vous allez vivre aujourd'hui, demain, la semaine prochaine. S'acharner sur les forces en jeu quand ils avaient vingt ou trente ans ne sert à rien. Il est très important pour eux, je crois, de vivre *aujourd'hui* et de s'occuper de la troupe scoute ou de la compagnie de guides et des tricks-or-treats d'Halloween[2].

Haley — À contrecœur, je suis arrivé à la conclusion que le fait d'aider un patient à se comprendre, à devenir plus conscient de son passé, n'a rien à voir avec des changements dans sa façon de vivre.

Erickson — Absolument.

Haley — J'espérais bien que vous seriez d'accord. *(Rires.)* C'est la

2. Tricks-or-treats : « Donnez-moi quelque chose ou je vous joue un tour. » C'est l'expression employée par les enfants américains qui font la quête de friandises le jour d'Halloween, sorte de carnaval du 31 octobre, veille de la Toussaint.

pierre d'achoppement de tous les psychiatres. La seule chose qu'ils sachent faire avec un patient, c'est lui faire découvrir son inconscient.

Erickson — Ils accroissent son degré de conscience, mais cela n'aide jamais le patient à *prendre conscience de ce qu'il peut faire.*

Haley — J'ai remarqué que vous travaillez très rarement sur « *pourquoi* un patient fait quelque chose », comme si vous considériez ce pourquoi sans rapport avec la question.

Erickson — Eh bien, regardez simplement les gens qui ont une vie réussie, bien adaptée et heureuse, et demandez-leur *pourquoi. (Rires.)* Ils sont heureux, à l'aise, ils aiment leur travail, ils ont une vraie joie de vivre. Pourquoi voudriez-vous analyser leur enfance et leurs relations à leurs parents ? Ils ne s'en sont jamais souciés et n'ont aucune raison de le faire un jour.

Haley — Et c'est la même chose au niveau du couple. Si vous voyez deux conjoints se battre, vous n'essayez pas de chercher avec eux *pourquoi* ils ont ce comportement l'un envers l'autre ?

Le patient qui craignait les maisons de trois étages

Erickson — Une fois, par hasard, vous trouvez une situation — j'essaie de m'en rappeler une — où il est utile de leur donner un peu d'*insight.* Pas sur tout, seulement sur certains sujets.

Haley — Et par « insight » vous voulez dire : pourquoi ils agissent comme ils le font ?

Erickson — Oui, une solide et profonde interprétation analytique.

Haley — Et si des patients vous disent, comme beaucoup : « Je voudrais savoir pourquoi j'ai si peur d'aller dans les étages élevés d'un immeuble. » Et constamment ils reviennent sur ce point : pourquoi ont-ils ce problème ! Que faites-vous ? Vous déplacez le pourquoi, j'imagine ?

Erickson — En effet, je déplace *leur pourquoi :* « Pouvez-vous me dire *pourquoi* vous voulez monter en haut d'un grand immeuble ? Avez-vous une seule bonne raison de le faire ? » *(Rires.)* Je crois que c'est beaucoup plus important que de passer leur vie à se rappeler soigneusement tous les jours, à chaque heure du jour, qu'ils ont peur de monter en haut de cet immeuble. Vous savez, un patient est venu s'installer à Phoenix pour faire une thérapie avec moi à cause de cette phobie des grands immeubles. Ce qui l'inquiétait le plus, c'étaient les maisons individuelles de trois étages.

Haley — Mais il n'y en a plus depuis pas mal de temp. *(Rires.)*

Erickson — Je lui ai dit : « Vous avez toujours loué des maisons et vous n'avez pas osé en acheter une par crainte des maisons à trois étages. Vous allez prendre un carnet et un crayon et noter l'adresse de toutes les maisons à trois étages du secteur. *(Rires.)* De cette façon vous serez sûr de les éviter. » *(Rires.)*

Haley — En a-t-il trouvé ?

Erickson — Pour l'aider, je lui en ai indiqué : « Vous en trouverez une à Peoria, à quarante ou cinquante kilomètres d'ici. » Puis je lui en ai signalé une autre en dehors de ses moyens : « Vous êtes incapable d'acheter de telles propriétés. Vous n'êtes pas assez riche pour cela. »

Le médecin qui n'a pas épousé la femme qu'il aimait

Erickson — Je pense à un médecin de soixante ans. Il y a trente ans, il se réveille tout excité. Il a un cabinet flambant neuf et il est prêt à accueillir ses clients. Il est nerveux ce matin-là et un peu en retard. Comme il veut commencer à l'heure, il déjeune en vitesse d'un œuf frit, de deux tranches de bacon, d'un toast et d'une tasse de café. N'ayant pas le temps de s'asseoir, il avale œuf, bacon, toast et café debout dans la cuisine. Depuis trente ans, il est en retard pour le petit déjeuner. Il mange son œuf, ses deux tranches de bacon, son toast et avale son café debout pour arriver à l'heure à son cabinet. Mes questions l'ont renversé : « Vous avez maintenant une large clientèle, vous arrivez à l'heure à votre cabinet — toujours cinq minutes en retard. À quelle heure rentrez-vous chez vous le soir ? — Environ à 10-11 heures, entre 10 et 11. » Il a énormément de patients. « Pourquoi n'avez-vous pas épousé la fille que vous aimiez. » Il répond : « Eh bien, si je l'avais épousée, j'aurais eu des tas de dépenses pour des enfants ou toutes sortes de choses et je voulais constituer ma clientèle. Alors j'ai choisi une femme que je n'aimais pas car ainsi je savais que je n'aurais pas le handicap financier des enfants. Je savais que je pourrais toujours divorcer pour épouser une femme que j'aime. » Je lui dis alors : « D'accord, maintenant vous avez une énorme pratique. Vous êtes à votre cabinet de 8 heures du matin à 10 ou 11 heures du soir. Est-ce que l'infirmière, la réceptionniste ou la secrétaire vous font des sandwiches ? » Il répond : « La secrétaire est assez occupée, c'est pourquoi j'ai la réceptionniste. En cas de nécessité, la secrétaire peut faire office de réceptionniste. » Il rentre à la maison et dîne à dix heures trente. Il mange le repas préparé par sa femme et se couche. Il a vraiment une très large clientèle. Il pratique la médecine sept jours sur sept. Je lui demande : « En dehors de votre assurance-vie, avez-vous quelques biens ? » Il dit : « Rien, à l'exception de la maison que j'habite. » Je poursuis : « Votre assurance et la maison, cela fait combien, au total ? » Il répond : « Environ 70 000 dollars. » Je continue : « Alors dans quels projets insensés mettez-vous vos économies ? » Il dit : « Oh ! j'ai acheté par correspondance des parts de pétrole au Canada et d'autres au Texas, et encore dans une mine d'uranium au Canada. » Je reprends : « Quelle somme minimum engloutissez-vous dans chaque projet ? — Jamais moins de 20 000 dollars. » Dès qu'il économise 20 000 dollars, il les investit de cette façon. Mais rien qu'à entendre son histoire de petit déjeuner, vous imaginez déjà toute la suite. Quand il épouse une femme qu'il n'aime pas, car choisir la fille qu'il aime amènerait des enfants, vous pouvez prédire la vie infructueuse de cet homme. Vous savez immédiatement le reste de l'histoire et vous pouvez spéculer sur la forme particulière qu'elle prendra. Vous savez qu'il ne fera pas d'économies. Les médecins se font tous prendre à ces escroqueries d'investissements par correspondance ; ils *sont* de piètres hommes d'affaires. Trente ans de ce régime.

Haley — Si vous recevez une série de couples conflictuels, un des problèmes vient de ce qu'ils essaient de se réformer mutuellement, de se convertir l'un l'autre. Y a-t-il d'autres difficultés d'ordre général, d'autres choses qui ne tournent pas rond dans les mariages ?

Erickson — Les conjoints qui, simplement, ne peuvent plus se supporter. Ce médecin, par exemple, qui épouse une femme sans l'aimer — pourquoi diable l'a-t-il épousée ? Elle a eu réellement toute une vie de pauvreté, de déceptions, de frustrations. Ce repas tardif qu'elle lui sert tous les soirs ne lui plaît jamais. Elle ne peut pas se souvenir des plats qu'il aime et il mange toujours des choses, préparées par elle, dont il n'a pas envie. Vous avez là deux personnes qui ne se supportent plus, attachées l'une à l'autre par un lien d'autopunition et de châtiment mutuel.

Haley — Donc, il y a la catégorie de couples qui ne se supportent pas mais continuent à vivre ensemble.

Erickson — Oui.

Haley — Curieuse ambivalence : ils se tolèrent sans pouvoir se supporter.

Weakland — De son côté à elle, pourquoi avoir fait ce choix ? J'imagine qu'elle ne l'aimait pas non plus, mais elle le voyait intelligent, ambitieux, travailleur et capable de réussir.

Erickson — Il est le médecin le plus coté de trois grandes agglomérations. Son cabinet est ouvert en permanence.

Weakland — Alors, en un sens, ils ont, chacun, ce qu'ils ont choisi.

Erickson — Mais c'est un... Qu'ont-il en réalité ?

Weakland — C'est ça.

Erickson — C'est un vide total.

Weakland — Mais ils l'ont vraiment choisi, tous les deux.

Erickson — Ils sont tombés dans la routine et s'y sont installés.

Haley — Prenons les choses par un autre bout et faisons une supposition. Vous allez à un mariage et vous bavardez avec le jeune couple. Si vous sentez ce mariage voué à l'échec, sur quoi basez-vous votre prédiction ?

La femme qui invite sa meilleure amie pendant son voyage de noces

Erickson — Bien. Si, en parlant au jeune couple, j'estime le mariage voué à l'échec, je le prédirai d'une façon qui les incitera à me donner tort.

Haley — Pour l'instant, je ne parle pas de traitement. J'aimerais seulement savoir ce qui, selon vous, risque de tourner mal dans leur mariage ? Autrement dit, vous avez six couples de jeunes mariés. Ils viennent ici et vous décidez que, pour deux d'entre eux, l'union finira mal, qu'elle se brisera. Je me demande sur quels points vous baserez cette prédiction ?

Erickson — L'exploitation de l'un par l'autre. Je pense à un mariage où il y avait une magnifique et très agréable réception. Après la noce, la jeune femme dit à son mari : « Tu sais, ma meilleure amie sort d'une famille sans le sou. Elle n'a jamais eu la chance de voyager. Puisque nous partons en avion, pourquoi ne pas lui faire cadeau d'un billet et l'emmener avec nous ? Elle n'a pas besoin d'être dans la même partie de l'avion. Nous allons dans telle et telle ville, elle pourra prendre une chambre dans un motel d'un autre quartier. Elle fera ainsi un très beau voyage. A l'occasion, si nous en avons envie, nous pourrons l'inviter à dîner ou à se baigner avec nous. » Bon, vous savez immédiatement que ce mariage va à l'échec. Le mari a accepté. Il avait quelque argent.

Weakland — Dans ce cas vous en êtes sûr. Non seulement l'un propose le marché de dupes, mais l'autre l'accepte.

Erickson — Vous le savez immédiatement.

Weakland — Oui, cela scelle leur accord.

Erickson — Un mois plus tard, je leur indiquais quel avocat consulter. *(Rires.)* C'est parfaitement clair. Mais il y a d'autres couples dont vous vous dites en les voyant : « Ceux-là n'iront pas loin ensemble. » Par exemple, la mariée demande avec insistance à son mari de prendre pour témoin son ancien ami, l'homme qu'elle voulait épouser et qui l'a laissée tomber. Au pied de l'autel, elle aura près d'elle l'homme qu'elle désirait. Ce mariage aussi est voué à l'échec. De quelle manière va-t-il mal tourner ? Il y a deux possibilités : ou ils se séparent, ou le mari se retrouve dans une position difficile, peut-être dans un rôle de soubrette. *(Rires.)*

L'homme qui retarde l'heure de son mariage pour dire au revoir aux copains

Erickson — Vous rencontrez souvent ce cas. Et vous le voyez dès le jour du mariage. J'ai reçu, ici, toute une famille, une vieille famille solidement établie. J'ai eu pour patients le grand-père, la grand-mère, tous leurs fils, filles, gendres et belles-filles, et même certains de leurs petits-enfants. Sonny n° 4 est tombée amoureuse d'un jeune mondain, riche et joli garçon. Elle avait beaucoup de succès. Évidemment, son père était riche et sa mère une personnalité en vue à Phoenix. Le jour du mariage, le fiancé était tellement saoul qu'il a fallu retarder la cérémonie d'une heure. Qu'a-t-il fait à la naissance de son premier enfant ? Il a pris une cuite de trois jours. Où était-il au moment de la naissance du second ? Dans un motel avec sa maîtresse pendant que sa femme était à l'hôpital. Pour le troisième, sa femme lui a passé un tel savon qu'il l'a accompagnée à l'hôpital, lui a tenu la main et ainsi de suite. Puis il a disparu pendant trois jours avec une nouvelle maîtresse. Pour le quatrième, même scénario. Puis cette femme est venue me voir en disant : « J'aime Joe. Je veux continuer à vivre avec lui. » Joe a répondu : « Un homme a besoin d'une certaine liberté. » Je lui ai posé la question : « Pourquoi étiez-vous ivre au point d'obliger à retarder l'heure de votre mariage ? — Eh bien ! dit-il, il fallait dire au revoir aux copains. » Aucun sens des valeurs. Quelques verres au bar pour dire au revoir aux copains est beaucoup plus important que l'heure de son mariage. Vous pouvez prédire la suite à coup sûr.

La fille dévergondée qui tombe amoureuse

Une fille peu sérieuse rencontre un jour un garçon sympathique. Elle sort avec lui et en tombe amoureuse. Elle refuse absolument de coucher avec lui. Son ancien partenaire vient faire un tour le soir, à l'heure habituelle, et trouve la porte fermée à clef. À travers la porte, elle lui dit : « Va-t'en, je ne veux plus te voir. » Et elle dit la même chose à tous ses amis. Elle est sortie deux fois avec ce gentil garçon et en est amoureuse. Elle n'a pas couché avec lui. Elle espère seulement, espère, espère. Elle continue à sortir avec lui. Assez vite il se met à l'aimer aussi. Vous devinez que leur mariage va réussir. Elle coupe les autres liens. Elle cesse d'être une fille facile. Elle achète un verrou et le pose à sa porte. Elle est sortie deux fois avec ce garçon sympathique. Il lui fait des propositions mais elle le repousse doucement, très gentiment. Elle ne sait pas, elle se méfie d'elle-même, met ce verrou, elle parle à travers la porte fermée. Elle ne prend plus aucun risque et est prête à tous les efforts nécessaires. Elle inspecte sa garde-robe. Voyons, Bill aime cette robe, Dick aime celle-ci, Harry cette autre, Gerald préfère celle-là — elles peuvent toutes aller à la poubelle. Elle le fait à contrecœur car elle aime ses robes. Puis elle commence à ouvrir son placard et elle enlève ce souvenir et cet autre souvenir. Elle fait place nette dans la maison. Je crois que là, on peut prédire un réel succès.

Je pense à Marie, une prostituée presque professionnelle. C'est ainsi qu'elle gagnait sa vie. Elle aimait les choses achetées avec l'argent des hommes. Puis elle rencontre Donald. Marie vient me voir et me raconte toute sa vie passée. Elle vivait dans l'appartement d'un homme dont elle était la maîtresse et s'éclipsait pour rejoindre d'autres amis dans leurs garçonnières. Puis elle a rencontré Donald et elle est terriblement attirée par lui. Alors elle cherche un emploi, elle loue un appartement bon marché et s'y installe. Elle abandonne son étole de vison et se débarrasse de tout. Elle me dit : « Je ne sais même pas si je reverrai Donald, mais c'est lui que je veux. » Je n'ai eu aucun conseil à lui donner. Elle a réagi intuitivement en coupant avec son passé. Avant de se décider à épouser Donald, elle a voulu savoir s'il souhaitait ou non avoir des enfants. Elle a soulevé la question d'une éventuelle stérilité chez elle ou chez lui. Un couple qui se marie dans l'enthousiasme ne sait pas ce que l'avenir lui réserve. Elle a découvert qu'il voulait bien l'épouser et acceptait l'idée que l'un des deux soit stérile. Ils ont maintenant deux enfants, mais leur attitude avant le mariage montre bien avec quel sérieux ils ont envisagé leur union.

2

SECRET PROFESSIONNEL, DOMINATION, ILLOGISME

Milton Erickson, Gregory Bateson, Jay Haley et John Weakland

Jay Haley — Si vous recevez une famille et que vous voyez séparément une personne, puis une autre, puis tout le monde ensemble, comment traitez-vous la question des informations confidentielles, des secrets entre un membre de la famille et vous ?

Milton Erickson — Je suis très hypocrite en ce domaine. *(Rires.)* J'explique, avec grand soin, à mon patient que notre entretien est strictement confidentiel. Je suis tenu au secret professionnel pour tous mes entretiens. Je ne vais certainement pas raconter à votre père, à votre mari ou à votre femme ce que nous nous sommes dit. Pour *moi* tout cela est confidentiel. Je ne sais pas ce que *vous* ferez. Mais quoi que vous fassiez, ce sera bien. Vous pourrez l'utiliser comme vous voudrez. Et, croyez-moi, je dirai exactement la même chose à votre mari, à votre femme, à votre fils. Je me dégage ainsi vis-à-vis de chaque personne. Mais s'ils commencent à discuter entre eux des entretiens, ils ont *mon* accord puisque je leur ai dit que ça irait *très bien.* Mais cela ils ne m'on pas entendu l'inclure.

Gregory Bateson — Inclure quoi ?

Erickson — Que ça irait très bien ainsi. Alors ils doivent justifier le fait de communiquer, de rompre le secret, en faisant que tout *aille bien.* Ils sont sous une pression terrible.

Bateson — Vous voulez dire, en fait, qu'ils vont en parler ; ils vont remettre tout en ordre.

Erickson — En ordre et en paix pour que tout « aille bien ». « Je suis sûr que, quoi que vous fassiez, tout *ira bien.* Moi, je garde le secret professionnel. » Cela leur donne toutes les permissions. Je leur dis que je tiendrai le même discours à tous les autres. Alors, chacun sait que les autres sont soumis à la même obligation et cette compétition entre eux les pousse à faire que tout *aille bien*.

Haley — C'est une méthode compliquée, Milton.

Weakland — Sûr.

Haley — Vous partez de la rivalité et de l'implication de chacun dans ce que l'autre peut dire et les amenez à faire que tout tourne bien.

Erickson — Vous savez, un mari et une femme m'ont dit : « Nous avons eu notre première vraie conversation. Nous avons violé la relation confidentielle mais, pour la première fois, nous avons parlé honnêtement. » Ils ont fait que tout « aille bien ».

Haley — Vous acceptez aussi, je suppose, qu'un membre de la famille vous dise : « Je veux vous voir d'abord. » Mettons qu'ils arrivent un peu dans le brouillard et que la femme vous a téléphoné pour dire : « Je veux vous parler avant que vous voyiez mon mari. » Vous marchez avec ça ?

Erickson — Oh ! certainement.

Haley — Et comment vous y prenez-vous avec le mari furieux de savoir que vous allez faire alliance avec sa femme avant qu'il ne puisse placer un mot ?

Erickson — Je coupe l'herbe sous le pied du mari — car habituellement elle ne lui dit pas qu'elle veut me voir seule d'abord. Je prends les devants au téléphone : « Oui, je vous verrai seule, en premier, mais laissez-moi faire et surtout ne dites rien à ce sujet. » Puis je vais à leur rencontre dans la salle d'attente et je dis : « Je peux voir l'un ou l'autre d'entre vous seul pour commencer. C'est ma façon de travailler. Vous êtes d'accord, je suppose. Les dames d'abord. » Si c'est le mari qui a appelé, je dis : « Bon, je propose que nous fassions ainsi : je vais laisser le dernier mot à votre épouse. » *(Rires.)*

Haley — Vous utilisez tous ces clichés pour résoudre les dilemmes.

Erickson — Ces clichés font partie du langage. Si le mari a demandé à me voir seul en premier, il ne veut pas que sa femme le sache. Je fais une fleur à cette femme en lui laissant le dernier mot. Elle en est toute requinquée. Et si l'épouse appelle, je me contente de suivre Emily Post [1], les dames d'abord. « Voilà au moins un psychiatre, pensent-ils, qui connaît son Emily Post. » Au lieu de quelque chose d'arrangé, d'organisé à l'avance.

Haley — Bon. Comment faites-vous quand vous recevez une famille, si la femme vous téléphone pour vous parler de son mari et vous demande de ne rien dire de cet appel ?

1. Elizabeth L. Post : *Emily Post's Etiquette,* Harper and Row Publishers, 1922. 14e édition 1984. (Célèbre code de savoir-vivre).

Erickson — De cet appel ? Je lui réponds : « Bon, je ne lui dirai rien, mais si vous faites venir votre mari ici, vous devrez bien lui dire quelque chose. Si vous voulez me voir sans que votre mari le sache, cela me va parfaitement. Cela vous posera quelques problèmes mais vous saurez certainement comment les résoudre. »

Haley — Cela c'est pour le contrat initial. Mais si vous les voyez régulièrement et que la femme ou le mari vous appelle en secret ?

Erickson — Certains clients ont tenté de m'amener à me trahir en me révélant des informations... pour que je les transmette à l'autre. Je suis très prudent dans ce cas, car je ne sais pas ce qu'ils cherchent. Je garde le secret de ces entretiens.

Haley — C'est correct car, dans les séances familiales, les thérapeutes mettent l'accent sur « pas de communications privées ». Tout doit être franc et loyal.

Erickson — C'est une déclaration autocratique, dogmatique et dictatoriale. Bien sûr, ma description ne sera pas un exposé dogmatique. *(Rires.)* Vous établissez ouvertement l'accord avec la famille : « Vous savez, tôt ou tard, il est possible que la communication devienne confidentielle sur certains points, entre nous. Si cela se produit pour vous, monsieur X, vous souhaiterez, je pense, que je garde le secret. Et si la situation se présente pour votre femme, je sais que vous attendrez le même respect. »

Weakland — Autrement dit, Milton manœuvrera pour cela comme pour le reste. Il imposera *son* contrôle dès le début.

Erickson — Uniquement parce qu'ils souhaitent le respect des informations confidentielles.

Weakland — J'ai une question à poser. Dans le traitement d'une famille, vous avez, mettons, un couple dont l'homme vient chez vous pour une thérapie. Et sa femme dit : « Rien ne cloche chez moi ; je n'ai aucun besoin de thérapie. » Elle a cette attitude. Le thérapeute peut la convaincre en disant : « Bien, voyons, j'aimerais parler avec vous des difficultés de votre foyer », et ainsi de suite. Mais elle risque de demander continuellement : « M'avez-vous prise en traitement, suis-je en thérapie avec vous ? »

Erickson — Oh, je la coincerai d'entrée de jeu.

Weakland — D'accord.

Erickson — La femme dit : « Mon mari est un salaud. Je vis avec lui depuis quinze ans et je le connais. Il lui faut une thérapie, un sacré bout de thérapie. Moi, il ne me faut rien. Tout vient de lui. » Je vais lui répondre : « Je suis d'accord, votre mari a bien besoin d'une thérapie. Vous le savez et moi aussi. Alors, mon boulot est de le lui faire comprendre. Mais, évidemment, je voudrais y arriver le plus vite possible et, pour cela, j'aimerais avoir quelques entretiens avec vous. Car je ne veux pas gaspiller du temps à lui extorquer, par bribes, l'information nécessaire. Donc j'ai besoin de ces séances avec vous. » Et brusquement elle me sort : « N'êtes-vous pas en train de me faire une thérapie ? » Je dis : « Si vous songez aux entretiens au cours desquels vous m'avez donné ces informations sur votre foyer, n'avez-vous pas laissé entendre, par moments, combien l'inconduite et l'adultère de votre mari étaient durs à supporter ? Croyez-vous pouvoir garder votre équilibre en face d'un homme aussi vil ? Ne pensez-vous pas qu'il vous faut quelques conseils pour vous adapter à un tel comportement ? Croyez-vous réellement qu'on puisse vivre pendant quinze ans avec un pareil salaud sans en être affecté ? Honnêtement, dites-moi quelle femme sensée vivrait quinze ans avec lui ? » *(Rires.)* Vous voyez le genre de questions. Elle peut me répondre : « Vous avez raison. Il est capable de rendre cinglé n'importe qui, et, parfois, je me suis sentie à moitié folle. » C'est assez facile. Vous voyez, quand ils m'attaquent, je ne me défends pas. Sauf si je trouve un moyen d'utiliser cette attaque.

Weakland — Bon, et le contraire ?

Erickson — Que voulez-vous dire ?

Weakland — Devenir agressif. Savez-vous utiliser ça de temps en temps ?

Erickson — Oh oui. Au cours d'entretiens j'ai dit à des couples : « Vous vous êtes disputés pendant des années. Au fond, vous devez être des gens terriblement chouettes. Mais, jusqu'à présent, vous avez été peu judicieux dans votre comportement. Vous vous exprimez de façon très outrancière et vous respectez sûrement ceux qui vous tiennent le même langage. »

Bateson — C'est un bon plan.

Erickson — « Vous avez crié à votre femme "Ta gueule !" et elle vous a hurlé "La ferme !" Je ne vois pas pourquoi je serais le seul à rester poli dans ce bureau. Je vais suivre votre exemple et vous dire de la boucler quand j'aurai une bonne raison de le faire. » Il sera d'accord avec moi, mais, en même temps il admettra que, si je lui dis de la fermer, j'aurais une bonne raison pour cela.

Haley — Vous arrive-t-il de pousser une famille à faire alliance contre vous pour provoquer un incident ?

Erickson — Oh oui !

Haley — Pourrions-nous en avoir un exemple ? *(Rires.)*

Le couple qui a besoin d'être mis en colère contre le thérapeute

Erickson — J'ai fait ça récemment. J'ai monté un couple contre moi. Je ne me souviens plus pourquoi... Ah oui ! J'ai mis le mari en colère et la femme également. Je viens de recevoir une lettre du mari et j'ai eu des nouvelles de la femme à travers une de ses amies. Je me les suis mis à dos tous les deux. Ils sont venus à Phoenix pour me voir et ils ont passé ici le temps prévu. Je les ai fait sortir de leurs gonds pour obtenir un effet thérapeutique. La femme insistait pour faire venir sa mère à la maison tous les jours. Le mari ne pouvait pas souffrir la vieille dame et je ne l'en blâme pas. La femme acceptait la présence de sa mère uniquement parce que son mari la supportait encore moins qu'elle. Le mari exaspérait sa femme car il avait une grosse voiture américaine pour lui, une autre pour elle et, en plus, trois de ces petites voitures étrangères. Cinq voitures pour deux conducteurs, ils n'en avaient pas les moyens. Ils étaient déjà surendettés. Je les ai mis dans une colère folle et ils sont partis furieux contre moi, sans me dire au revoir. Dans l'avion du retour, ils se sont dit l'un à l'autre à quel point je les avais énervés. Le mari a tout de suite vendu une des grosses voitures et deux des voitures étrangères, car une seule petite lui suffisait. Sa femme n'aime pas conduire les voitures étrangères. Il a utilisé l'argent pour réduire son endettement. Sa femme a été soulagée. Elle ne voulait pas me donner raison car je l'avais trop contrariée en l'accusant de gifler son mari en lui imposant sa mère. Et j'avais dit au mari qu'il giflait sa femme avec ses foutues bagnoles. Ils ont voulu me prouver que j'avais tort. Depuis, le mari m'a écrit qu'il avait vendu ses voitures et que j'avais raison. La femme m'a fait dire par une amie qui me connaît que j'étais dans le vrai. C'est un tel soulagement pour elle de ne plus avoir la visite de sa mère tous les jours. Son mari et elle sont bien repartis ensemble. Il est médecin et, tous les soirs, au retour de son cabinet, il enrageait de trouver là la voiture de sa belle-mère. Sa femme s'énervait, chaque fois qu'elle sortait dans le jardin, de voir ces trois voitures étrangères, dont deux étaient inutiles, tout comme une des grandes américaines. J'y ai gagné deux amis. La seule incertitude concerne la belle-mère. Mais, vous savez, peu importe si vous vous mettez les gens à dos, au bout de quelque temps ils reconnaîtront qu'ils en ont tiré bénéfice. Chaque fois que j'utilise la colère comme outil pour le bien d'un patient, je lui dis simplement : « Sachez que je cherche vraiment à vous aider. Que vous m'aimiez ou non m'est parfaitement égal si je vous fais du bien. Car vous n'êtes pas venu ici pour trouver un ami. Vous avez un tas d'amis qui ont tenté de vous venir en aide et n'y ont pas réussi. Je ne vais pas être un ami de plus, je veux vraiment vous être utile. Bien sûr, si je peux vous aider et, en plus, devenir votre ami ; c'est aussi bien. C'est même mieux. »

Haley — Ce qui nous préoccupait, c'était l'éventualité de contrarier une famille au point d'amener ses membres à s'allier contre vous, à gommer leurs différences et à rester collés les uns aux autres alors qu'il ne le faudrait pas.

Erickson — Mais vous ne voulez surtout pas cela ?

Haley — C'est pourquoi je voulais savoir si vous les mettiez en colère ou pas et comment vous vous y preniez.

Le couple de psychologues rigides qui ne supportaient pas le bazar

Erickson — Cette question de la rigidité des gens... Une année, deux psychologues cliniciens sont venus dans mon service à l'hôpital général du comté de Wayne. Mari et femme. Envoyés chacun par un « college » pour un internat en psychologie clinique. Ils sont arrivés ensemble et j'ai été horrifié que Yale puisse m'envoyer un type comme ça et que Smith College — c'était lui, je crois — m'adresse une fille pareille. Je souhaite ne jamais retrouver des gens aussi inhibés, rigides, guindés et pudibonds. Ils sont arrivés et il ne m'a pas fallu longtemps pour connaître leur histoire. Tous deux étaient enfants uniques de familles de la Nouvelle-Angleterre, rigides, prudes et collets montés. Leurs parents respectifs, estimant que l'autre venait d'une famille convenable, avaient favorisé leur rencontre. Et tout à l'avenant. Le fait d'aller à Smith College n'avait amélioré en rien la manière d'être de la fille. Yale n'avait pas changé le garçon d'un iota. Betty[2] était à l'hôpital pour la naissance d'un enfant, alors je les ai invités à déjeuner chez moi.

Je prépare le repas et je les amène dans la cuisine du basement[3] de notre maison d'Eloise[4]. Je fais glisser deux chaises à travers la pièce pour leur permettre de s'asseoir. Nous avons un tas de vaisselle dans cette cuisine, plusieurs services différents, rangés dans les placards. Je mets le couvert. Ayant trois types d'assiettes, je choisis des tasses et des soucoupes dépareillées. Je pose la bouteille de lait sur la table. Je fais griller des côtes de porc. Nous avons un chien, nommé Ot, couché le plus souvent dans le coin où nous prenons le petit déjeuner. Je fais réchauffer des pommes de terre et je ne sais plus quoi d'autre. Les verres sont de tailles différentes et les couverts de toutes les paroisses. J'apporte les côtes de porc dans la poêle et les pommes de terre réchauffées dans la sauteuse. Je prends ma fourchette pour attraper les côtelettes et je leur sers les pommes de terre en

2. La femme de Milton Erickson.
3. Basement : pièce en demi-sous-sol des maisons américaines. (N.d.T.).
4. Ville du Michigan où se trouve l'hôpital général du comté de Wayne. (N.d.T.).

raclant le fond de la sauteuse toujours avec ma fourchette. Puis j'en prends pour moi. Du bout de ma fourchette, je pique une tranche de pain, je la secoue et je verse du lait dessus. J'ai une tasse de café pour moi. Pendant tout ce temps, ils maintiennent un feu roulant de conversation.

Bateson — Que vous entretenez.

Erickson — Bien sûr. Sur la psychologie clinique, les possibilités d'études à Eloise, etc. Je prends ma côte de porc avec les doigts pour la manger. Lorsque j'ai fini, je la jette par terre, par-dessus mon épaule. Le chien, ravi, se lève, vient lécher la graisse et retourne dans son coin. Et je continue. Après avoir léché ma fourchette, je pique une autre côte de porc. Comme les assiettes sont vides, je prends une autre fourchette, j'hésite, constate qu'elle est propre et attrape de nouvelles côtes de porc, du pain et des pommes de terre. Je jette de nouveau l'os derrière moi et Ot vient le manger. Puis je me verse un verre de lait et, tout en continuant notre intéressante conversation, je fais couler lentement le lait sur le carrelage. A ce moment, tous deux s'écrient : « Oh non ! Docteur Erickson, ne faites pas cela, non, Docteur Erickson, non ! » Simplement à l'idée de verser du lait par terre. Évidemment, le chien est venu le lécher. Je leur dis : « Vous êtes, tous les deux, au bord de l'évanouissement. Vous ne pouvez pas en supporter davantage. » La fille répond : « J'ai été habituée à ne jamais mettre de la nourriture par terre. Vous êtes au point de me faire pleurer. Je n'en peux plus. » Je me tourne vers son mari : « Comment vous sentez-vous ? » Il dit : « Exactement comme ma femme : c'est, je pense, le plus horrible des repas. Je regrette de le dire mais ce comportement est proprement scandaleux. » Je réponds : « C'est vrai. Mais croyez-vous pouvoir faire passer un Rorschach, un test thématique de perception ou un test d'intelligence à un patient psychotique et attendre de lui le comportement d'Emily Post ? Ou allez-vous être en état de panique dès qu'un patient vous dira la moindre chose déplacée. Vous avez défailli de me voir verser du lait ou jeter des os par terre. Le chien a tout nettoyé et vous pouvez voir que le sol est parfaitement propre. Vous vous êtes presque évanouis parce que les tasses n'allaient pas avec les soucoupes. Vous voulez tout dans un ordre parfait, mais tout ne sera pas parfaitement en ordre à l'hôpital. Qu'en pensez-vous ? » Ils répondent : « Nous en avons discuté et cela nous effraie beaucoup. » Ils ajoutent : « Tout au long du chemin nous nous sommes demandé comment nous ferions avec les malades. » Après cette introduction, la fille est allée dans le service. Elle en est sortie assez ébranlée car je lui avais présenté le pire de nos patients. Pour le garçon j'ai fait de même avec la pire des patientes. À la fin de l'été, vous pouviez leur dire n'importe quoi sans provoquer un battement de paupière.

L'homme qui évitait compulsivement de toucher les seins de sa femme

Erickson — Mais cette rigidité des gens est tellement ancrée en eux. Au patient qui vient à vous avec cette carapace — qu'il s'agisse ou non d'un entretien familial — vous devez dire que certains points doivent être discutés. Il faut appeler les choses par leur nom. Je peux vous donner l'exemple d'un couple de jeunes mariés qui sont venus en consultation après moins d'un mois de vie conjugale. La jeune femme insiste pour me voir. Le mari réplique qu'il a pris sa décision : il va demander le divorce. Il exprime énergiquement sa mauvaise opinion des psychiatres. Finalement, je lui dis : « Vous m'avez fait part de votre opinion, je vais vous parler avec la même franchise. Vous êtes marié depuis moins d'un mois et vous voulez divorcer. Je ne sais pas quel froussard vous êtes mais vous pouvez bien boire le calice jusqu'à la lie. Alors bouclez-la gentiment et écoutez ce que votre femme veut me dire. » Il s'exécute, croise les bras, serre les dents et écoute. Sa femme commence : « Henri ne veut pas faire l'amour de façon agréable. Il éteint la lumière, tire les rideaux et va se déshabiller dans la salle de bains. Il n'entre pas dans la chambre s'il y a la moindre lumière. Je dois mettre ma chemise de nuit et la garder. Tout ce qu'il demande, c'est d'avoir les rapports les plus élémentaires. Il ne m'embrasse même pas. Si je lui demande : “Tu es content ?”, il me répond : “Je crois aux échanges sexuels effectués correctement, sans épanchements inutiles.” » Elle continue : « Il voudrait éviter de me toucher. Il ne m'embrasse pas les seins, ne joue pas avec. Il ne les touche même pas. » Le mari interrompt : « Mais les seins ont un rôle utilitaire; pour allaiter les petits enfants. » Je lui dis que je comprends le point de vue de sa femme. Il ne va sûrement pas aimer ce que j'ai à dire. J'ajoute : « Alors, vous restez assis, vous continuez à croiser les bras et à serrer les dents. Soyez aussi en colère que vous voudrez, car je vais dire à votre femme des choses qu'elle doit savoir. »

J'explique donc à la jeune femme de quelle manière son mari devrait lui embrasser les seins et jouer avec le mamelon. J'indique où et comment il devrait lui donner des baisers et y prendre du plaisir. En femme saine, elle y trouverait son compte. Ensuite, je fais remarquer que les êtres humains ont tous une tendance anthropomorphique. Ils appellent leur flingue « Vieille Betsy », leur bateau « Vent debout », leur chalet « Entrez donc ». Ils ont un nombre infini de noms familiers pour chacune de leurs acquisitions. Son mari, puisqu'il l'aime, devrait donner un nom à ses jumeaux. Elle me regarde un peu déroutée et je reprends : « Ils sont bien jumeaux », et je montre sa poitrine. « Des jumeaux devraient avoir des noms qui riment », dis-je, et, me tournant vers le jeune homme, je m'adresse à lui fermement : « Demain, pour notre prochain rendez-vous, vous viendrez avec des noms pour les seins de votre femme. Si vous n'en trouvez pas, je nommerai l'un et vous serez coincé par la rime qui vous viendra immédiatement à l'esprit. » Il quitte mon bureau, furieux.

Le lendemain ils reviennent et la femme me dit : « Bon, Henri a essayé de me faire l'amour d'une façon plus moderne. Il a l'air d'avoir un peu compris mais il se sent incapable de nommer les jumeaux. » Je me tourne vers lui et lui dis : « Allez-vous donner un nom aux jumeaux ? Rappelez-vous, si vous n'y arrivez pas, j'en nommerai un avec une rime et vous serez coincé pour le nom de l'autre. » Il répond : « Je n'accepte pas d'être humilié pour les seins de ma femme. » Je propose de lui laisser une demi-heure de réflexion pendant que nous traiterons d'autres questions. Et nous discutons d'autres aspects de leur vie sexuelle conformément au désir de sa femme. Au bout d'une demi-heure, je lui demande : « Maintenant, êtes-vous prêt pour les noms des jumeaux ? Moi, je le suis et j'espère que vous l'êtes. » Il me dit : « Je vous mets au défi. » J'explique une fois encore que je vais nommer le premier et que la rime lui fera venir à l'esprit, immédiatement, le nom du second. Comme il refuse à nouveau de s'exécuter, je demande à sa femme : « Êtes-vous prête ? » Elle acquiesce et je dis : « Je vais appeler votre sein droit Kitty[5] » *(Rires.)*. La jeune mariée est ravie. Ils quittent ensuite l'Arizona et, six mois plus tard, pour Noël, je reçois une carte signée de leurs deux noms et « K. et T. » La jeune femme m'écrit que son mari est devenu un merveilleux amant, qu'il est très fier des jumeaux et en tire beaucoup de satisfactions. Deux ans plus tard, je suis allé dans la ville où ils habitent et j'ai dîné avec un de leurs amis. « Quel agréable couple ils forment, m'a-t-il dit. Je me souviens d'Henri au moment de son mariage. Il s'est vraiment humanisé. » Plus tard, j'ai reçu une autre carte. En plus de K. et de T., la famille s'était agrandie de plusieurs noms. Voilà votre exemple d'agression.

Haley — Assez agressif. *(Rires.)*

Erickson — Et que pouvait-il bien faire d'autre de ce nom de « Kitty » ? Comme Ann l'écrit dans sa lettre, il a beaucoup de satisfactions avec les jumeaux et en est très fier. En psychothérapie, vous résolvez souvent le problème en utilisant la compulsion névrotique dans un but thérapeutique. La compulsion du mari était d'éviter les seins de sa femme. Elle se limitait à cela. Il ne les embrassait pas. Il ne les touchait pas ni ne les caressait avec ses mains. Pour lui, ils avaient une fonction utilitaire, celle d'allaiter les petits enfants.

---

5. Kitty : minou. La rime qui vient à l'esprit est Titty, nichon. L'équivalent français serait « Chaton et Téton ».

Haley — Bien, mais comment reliez-vous tout cela ? Vous avez utilisé — je ne vous suis plus depuis un moment —, vous vous êtes servi de cet évitement.

Erickson — De cet évitement, de son évitement compulsif, mais j'ai rendu la chose compulsive d'une autre manière.

Haley — Vous voulez dire une rime compulsive ?

Erickson — Oui, une rime compulsive. Kitty est un terme affectueux. Titty l'est également, et il n'y a plus d'échappatoire.

Weakland — Pas dans ce contexte.

Erickson — Non, aucune échappatoire. De cette façon, toute la compulsion est recentrée sur la tendresse — comment dirai-je —, une tendre appellation des seins. Il doit penser à mesdemoiselles Kitty et Titty. Chaton et Téton. Et Chaton est un petit nom si gentil. Toute la compulsion est renversée.

Haley — C'est le point délicat, ce retournement de la compulsion. S'il doit être compulsif, autant orienter ce mouvement dans la bonne direction. Telle est bien votre approche ?

Erickson — Oui. Ann a dit qu'Henri est devenu un merveilleux amant. Il a vraiment découvert à quoi servaient les nichons. *(Rires.)*

Haley — Vous avez une curieuse manière d'utiliser les diagnostics cliniques pour entrer en contact avec vos patients. J'imagine que pour les phobiques, qui évitent systématiquement certaines situations, vous procédez de même, en donnant à leur évitement une autre direction.

Erickson — Vous utilisez la phobie elle-même. Le patient construit sa phobie avec énormément de force et de vigueur, et vous vous servez de cette force.

L'homme méticuleux et sa femme qui échangent leurs menus

Haley — J'aimerais discuter du cas typique de ces couples où la femme écrase son mari tout en souhaitant le contraire. Le mari — je ne sais pas comment l'exprimer —, le mari commence quelque chose, sa femme élève une objection ou le désapprouve d'une manière ou d'une autre et, au lieu de poursuivre la lutte pour la dominer, il laisse tomber. Elle le remet à sa place en permanence sans le vouloir vraiment. Vous rencontrez cette difficulté soit au plan sexuel, soit dans n'importe quel domaine.

Weakland — Le cas où elle le provoque et, au lieu de relever le défi, il fait marche arrière et refuse le combat.

Haley — Vous pouvez dire qu'elle le teste. Elle passe son temps à chercher à évaluer s'il est vraiment le patron et, régulièrement, il renâcle devant l'obstacle. Nous avons plusieurs couples et familles de ce genre.

Weakland — Elle a l'air de dire : « Ne marche pas sur mes plates-bandes », mais en réalité elle demande : « Es-tu un homme, oui ou non ? » Et lui ne réagit pas en homme. Il fait une réponse du style : « Non, chérie, je ne veux pas te bousculer. »

Erickson — Je pense à un couple que j'ai traité de *cette* façon-là. La femme aimait bien dîner au restaurant et son mari était ravi de l'y amener. Mais le résultat était grotesque. Voici comment cela se passait. Il était, en principe, d'accord pour l'emmener là où elle voulait, puis il étudiait le menu et lui disait : « Tu voudras ceci, n'est-ce pas ? » Il choisissait toujours les plats pour elle : « Tu voudras ton steak bien cuit ? » Bien sûr, elle le préférait bleu, mais comment le dire à ce mari si gentil qui commandait les plats pour elle avec tant de soin et de considération ? Il choisissait le restaurant, la table et demandait à l'orchestre de jouer des morceaux spécialement pour elle. Il les sélectionnait sans la consulter. Au total, elle n'avait jamais les plats qu'elle voulait et ils n'allaient jamais dans le restaurant de son choix. Et elle devait dire qu'elle avait fait un excellent dîner, dans un bon restaurant, que l'orchestre était parfait et la soirée merveilleuse. Elle rentrait à la maison pleine de rage, furieuse et désespérée. Il ajoutait à chaque fois : « Dis-moi si tu as une autre idée. Bon, maintenant voyons dans quel restaurant tu aimerais aller la prochaine fois. » De ce fait, il lui donnait toujours la possibilité de le corriger verbalement, mais, en pratique, jamais l'occasion de le faire. Si parfaitement gentil.

Haley — Il s'agit, je crois, d'un autre problème, mais celui-ci est très pertinent. Nous butons dessus tout le temps.

Erickson — Donc, au cours d'un entretien de couple, il dit qu'il ne ferait jamais des choses pareilles. Il ne le voudrait vraiment pas. Il ne pense pas avoir jamais agi de la sorte. Il ne voudrait à aucun prix faire cela et il explique, devant moi à sa femme, jusqu'au point d'obtenir son accord, qu'il n'agit pas de cette façon. Alors elle s'adresse à moi : « Vous comprenez ce que je veux dire ? » *(Rires.)* Et lui a l'air complètement déconcerté.

Je lui demande s'il accepte d'emmener sa femme dîner, de la laisser le conduire dans une certaine rue et de lui faire la surprise du choix du restaurant. En réalité, j'ai procédé ainsi. J'ai pris un plan de la ville et j'ai relevé la liste des rues à suivre. Un certain nombre de blocs[6] et, à 2200, vous tournez à droite, vous comptez huit blocs, vous tournez à gauche, vous

6. Aux États-Unis, les rues sont numérotées par « blocs » entre deux intersections (N.d.T.).

recomptez neuf ou dix blocs. Je lui fais faire tout le tour de la ville. Ici et là, tournez à droite, tournez à gauche, allez à l'est, à l'ouest, au nord, au sud, pour lui faire perdre tout sens de l'orientation. Il conduit et sa femme lui lit les directives. *(Rires.)* À la fin, elle dit : « Maintenant, il est écrit de tourner à droite et d'entrer dans le premier restaurant. » Ils sont alors à la Grotte bleue. Mon plan compliqué a parfaitement marché et l'a mis dans un état d'esprit très réceptif. *(Rires.)* Elle poursuit : « Après, le papier dit d'entrer dans la Grotte bleue et de passer devant les deux premières cabines. Puis nous dépassons une table à droite, nous continuons le long d'une rangée de cabines et nous tournons autour d'une autre table. » Ils se conforment aux instructions. Il suit le mouvement. La serveuse vient et leur apporte la carte. Elle consulte le papier et dit : « Maintenant, nous échangeons les menus. » À ce moment, *il* a le menu qu'*elle* a lu et *elle* a celui où *il* a marqué ses choix. Sans le vouloir, quand la serveuse revient, il regarde sa carte à *elle*. Elle doit dire : « Oui, c'est mon menu. » Il lui demande : « Que veux-tu ? », car elle a en main la carte où les choix sont inscrits. Vous comprenez ? Ils ont deux cartes identiques, mais il en a étudié une quand il l'avait en main. Elle propose un filet mignon, disons, peu cuit et la salade du chef avec une sauce au roquefort. Elle commande les plats sur le menu qu'elle tient. Et, bien sûr, elle ne suit pas la sélection de son mari. « Tu peux choisir n'importe quoi sur la carte », mais c'est sa carte à elle. Il continue à consulter la carte qu'il a en main, la referme et lui propose de commander.

Weakland — C'est presque comme s'il avait coché le menu avant de le passer à sa femme.

Erickson — Tout à fait. C'est un homme très ordonné et méticuleux. *(Rires.)* Regardez cet échange des deux cartes. C'est son menu à lui, celui sur lequel il a fait son choix. Il l'a coché et, brusquement, il le retrouve entre les mains de sa femme. C'est un homme tellement minutieux pour tout. C'est pour cela qu'il emporte une liste de plats avec lui.

Bateson — Comment déterminez-vous le processus mental impliqué quand vous dites qu'il restera, évidemment, aussi minutieux en recevant la seconde carte ? Supposons qu'au moment où sa femme change le choix des plats, il dise : « Ce menu que j'avais est *mon* menu, sans modifications, et il doit me revenir. »

Erickson — J'avais donné à Evelyne l'instruction suivante : « Dès que la serveuse apporte la carte, vous la prenez. Elle en donnera ensuite une à votre mari. Alors faites très attention, n'ouvrez pas la vôtre et, dès qu'il a fait son choix, échangez les cartes. Avant qu'il ait une chance de commander, vous lui prenez son menu. De ce fait, il doit se soumettre à votre choix. »

Bateson — A-t-elle choisi le restaurant ou est-ce vous ?

Erickson — Je l'ai choisi. Voyez-vous, j'ai pris le plan de la ville et j'ai tracé ce va-et-vient enchevêtré.

Bateson — Mais il ne savait pas que vous aviez choisi le restaurant ?

Erickson — Elle avait indiqué qu'elle aimerait dîner dans ce restaurant. Elle n'était jamais allée à la Grotte bleue, et dans bien d'autres, car il se cantonnait toujours aux cinq mêmes établissements.

Weakland — Bon. Parmi les choses que vous avez faites, vous avez, au départ, établi ce programme très minutieux — tourner à gauche, quatre blocs, tourner à droite — mais qui est une façon tout à fait stupide d'aller quelque part.

Erickson — C'est vrai, mais la Grotte bleue est située à peu près en ligne droite de l'endroit où ils habitent. *(Rires.)* Aller vers le nord, le sud, l'est et l'ouest, et finalement se diriger vers l'ouest de la ville presque en ligne droite.

Bateson — Est-il arrivé furieux au restaurant ?

Erickson — Il était plutôt amusé de voir comment les instructions étaient bien agencées pour les faire arriver à la Grotte bleue. De son point de vue, c'est une œuvre d'art. Il est réellement très méticuleux. *(Rires.)*

Haley — Elle a lu *vos* directives et il les a suivies parce qu'elles venaient de vous ; mais comme elle les lisait, elle en devenait l'organisatrice.

Erickson — C'est parfaitement vrai.

Haley — C'est une autre forme d'alliance.

Erickson — Une autre alliance.

Haley — Bon, mais ensuite, comment avez-vous arrangé les choses pour que la fois suivante ils aillent dîner au restaurant en s'organisant autrement ?

Erickson — Quand ils ont projeté une nouvelle sortie au restaurant, le mari a examiné la situation et a dit : « Nous avons passé une si charmante soirée à la Grotte bleue, après ce parcours stupide et ridicule. Reprenons le même chemin et voyons quel type de restaurant nous trouverons au bout. » Alors ils ont répété le scénario, 17 blocs vers l'ouest, 10 blocs vers le sud, 18 blocs à l'est, 7 blocs au nord, jusqu'à finalement conduire ici et là, à l'aveuglette. Pour terminer, il a dit : « Maintenant, après le dixième bloc, nous entrons dans le premier restaurant sympathique. » Et donc ils ont eu la liberté de choisir le premier restaurant agréable en vue.

Haley — Cela n'a donc pas été un choix frustrant pour elle, mais une sorte de sélection au hasard.

Erickson — C'était choisir au hasard le premier bon restaurant qui se présenterait. Bien sûr, il conduisait. Si je me souviens bien, c'était un restaurant chinois de East Thomas. Elle a dit : « Cela me semble un endroit agréable, allons-y. » Il a essayé de reprendre le contrôle en utilisant le modèle que j'avais proposé, en suivant les directives de sa femme. Garder le contrôle en respectant ses instructions. Mais il ne connaissait pas l'endroit. Il n'y avait pas ses habitudes et sa femme a, immédiatement, exprimé ses désirs. Elle a continué sur la lancée de la Grotte bleue.

Haley — Vous semblez croire que si vous parvenez à changer leur modèle, ils continueront sur cette lancée la fois suivante. Ils ne retomberont pas dans la même ornière.

Erickson — Oh, pour l'éviter, je leur ai dit : « Vous irez au restaurant un certain nombre de fois d'ici Noël. Il y a au moins cinq endroits où vous ne devez pas aller. » Et j'ai nommé les cinq qu'ils fréquentaient habituellement.

Haley — Vous faites une coupure avec les précédents.

Erickson — Je romps avec les choix rituels du passé.

Haley — Pourquoi le faites-vous sous formes d'échanges de menus et non directement en proposant qu'elle passe la commande ?

Erickson — Répétez cela.

Haley — Pourquoi n'avez-vous pas simplement dit à la femme de choisir ce qu'elle voulait avoir pour dîner ?

Erickson — Parce que c'était un de ces mecs méticuleux qui prend la carte et la lit très soigneusement. Il examine le menu de la première à la dernière ligne. Il en connaît tous les plats avant de passer commande méthodiquement.

Weakland — Et ainsi Milton occupe mieux le terrain. Il agit non seulement sur la position de la femme, mais également, si j'ai bien compris, sur le caractère méticuleux du mari.

Erickson — Oui, car elle m'avait raconté comment il examinait la carte.

Haley — Et vous n'interprétez ni ne commentez dans quelle position difficile il la met, en étant aussi gentil et bienveillant ?

Erickson — Il ne l'aurait pas compris. Mais ce dîner à la Grotte bleue a été une des meilleures soirées de leur vie. Elle y a pris grand plaisir et elle n'a cessé de le lui répéter. C'était pour lui la première expérience d'une telle gratitude. Il avait l'habitude, avec grand soin, de lui acheter des fleurs pour le week-end. C'était toujours un bouquet arrangé, un centre de table qui la mettait dans une rage muette. Il était incapable de lui apporter les fleurs qu'elle aimait. C'était à chaque fois une composition compliquée à mettre sur la table de la salle à manger. Je l'envoie au kiosque à journaux demander : « Avez-vous un vieux journal d'hier ou d'une autre ville ? » Il l'achète, le porte à un fleuriste et lui dit : « Je dois jouer un tour à quelqu'un. Je voudrais quelques jolies fleurs. Quoi que vous pensiez, c'est une très gentille plaisanterie, une bonne farce. Vous emballez les fleurs dans ce journal et je vais les lui porter. » Il revient à la maison et sa femme se demande quel centre de table il va lui rapporter ce week-end là. Il lui tend ce journal inconnu. Elle n'en revient pas. Les fleurs qu'il lui donne sont le choix du fleuriste, une vraie plaisanterie. Qu'a fait ce fleuriste ? Il a mis des roses, des pensées et d'autres fleurs pas du tout faites pour aller ensemble. Aucun effort pour donner une apparence de composition. La femme, évidemment, est ravie de ce bouquet sans queue ni tête. Exactement le contraire d'un centre de table. Et, une fois de plus, le mari découvre qu'il peut offrir quelque chose à sa femme et lui faire un immense plaisir.

Haley — Vous supposez donc que les choix précédents venaient seulement d'une totale méconnaissance des désirs de sa femme.

Erickson — Il a été élevé dans une famille très conventionnelle de la côte Est. Elle a grandi dans une ferme.

Haley — Mais si ses cadeaux tombaient toujours à côté, c'était un signe de son ressentiment et pas seulement une erreur de choix par méconnaissance de ses désirs.

Erickson — C'était un manque de compréhension à son égard car il ne pouvait pas imaginer comment quelqu'un pourrait vouloir autre chose. Une rigidité absolue. Leur anniversaire de mariage était toujours célébré avec la pompe de circonstance. Elle me dit un jour comment elle imagine leur sixième anniversaire : « Nous aurons un salon privé. Nous aurons des serveurs, un gâteau décoré et des gens comme il faut ; ils feront les toasts de circonstance et le champagne sera parfait. Le soir précédent nous aurons un baby-sitter à la maison et nous prendrons une suite à l'hôtel pour préparer ce sixième anniversaire. » Alors j'ai dit à son mari : « Votre anniversaire de mariage approche. Ce serait merveilleux de surprendre totalement votre épouse. Faites-lui une surprise inoubliable. » Et j'ai tracé les grandes lignes de cette surprise. Il m'a regardé horrifié. *(Rires.)* J'ai ajouté : « Allez voir votre belle-sœur. Je l'aurai appelée avant. Elle vous donnera toutes les instructions. Vous louez une camionnette. Puis vous allez dans un grand magasin où vous achetez une tente, des sacs de couchage et du matériel de camping. Vous prenez aussi des œufs, du bacon, des saucisses et des hamburgers. Vous achetez un Levi's pour votre femme, votre belle-sœur connaît sa taille. Elle a la même pointure, empruntez ses chaussures de marche. Puis vous arrivez à la maison demain après-midi vers quatre heures. Dites à votre femme "Voilà tes affaires, enfiles-les. Je t'ai préparé une surprise." Emmenez-la dans le désert pour un petit déjeuner d'anniversaire de mariage et ensuite partez camper. Après une nuit de sommeil, vous pourrez marcher un peu dans la montagne. Aux environs de midi, faites un autre repas, puis reprenez la camionnette et arrangez-vous pour vous perdre. » *(Rires.)* Le temps passant, il est arrivé à se mettre dans l'état d'esprit voulu. Il est monté dans la camionnette et a dit : « Je ne sais pas trop où va cette route, mais prenons-la. » Au lieu de revenir à Phoenix, ils se sont retrouvés à Yuma[7]. Ils ont passé là une journée délicieuse, puis ils sont rentrés. Il est venu me voir l'autre jour pour me dire qu'ils sont allés camper tous les week-ends pendant l'été. Ils ont été ravis de leurs escapades. Elle a grandi dans une ferme. Elle allait camper avec ses frères et sœurs. Ils participaient aux pique-niques de l'école du dimanche. Elle faisait des camps scouts et couchait sous la tente. Lui a été élevé dans une riche famille de la Nouvelle-Angleterre. Il y avait un maître d'hôtel et des femmes de chambre, celle d'en haut et celle d'en bas, une lingère et un cuisinier qui s'occupaient de tout. Ils se conformaient à tous les principes d'Emily Post. Il est incontestablement devenu un autre homme. Il vient me voir trois fois par an pour examiner la façon dont ils s'adaptent l'un à l'autre. Elle passe deux fois l'an, simplement pour faire le point.

Weakland — Bien, avec ça nous avons un scénario qui oriente le projecteur sur lui. Je me demande si vous pouvez nous dire quelque chose sur... A-t-elle sa part dans ce scénario ou tout vient-il de lui ?

Erickson — C'est une gentille fille de la campagne, élevée dans une bonne famille solide et sérieuse. Un jour, son père fait fortune. Il lui vient des idées d'ascension sociale et à sa femme également. La fille est amenée à rencontrer cet homme. C'est un gentil garçon. Elle se marie avant d'avoir clairement réalisé de quoi il retourne et elle est coincée. Comme c'est vraiment une bonne fille, sans malice, elle ne sait pas comment venir à bout de cette situation. Dès qu'elle a commencé à comprendre, il a essayé de reprendre le pouvoir, mais il a dû le faire dans le cadre particulier que j'avais créé pour lui. Ce cadre laissait à sa femme une bonne marge d'intervention.

Weakland — Je continue à me demander si, malgré sa bienveillance, elle était aussi gentille que vous le dites. N'était-elle pas prise dans le même piège ? Elle acceptait cela avec tant de douceur, d'une façon qui renforçait peut-être son...

Erickson — Elle ne savait pas comment s'y prendre. Elle était désespérée et, en même temps, elle savait ce qu'elle désirait. Mais voyez-vous, ce

7. Yuma est à environ 400 km de Phoenix. (N.d.T.)

brusque changement de ses parents lui est tombé dessus à 18 ans quand son père a fait fortune.

Haley — Milton, vous avez, je crois, tendance à interpréter la méchanceté des gens comme une mauvaise compréhension de l'autre.

Erickson — C'est habituellement le cas. *(Rires.)* Il n'était pas vraiment salaud avec elle. Elle n'était pas vraiment vache avec lui, mais le résultat était là. Elle ne manifestait jamais la gratitude attendue.

Haley — Et si, pendant longtemps, elle ne ressent, ni n'exprime la reconnaissance espérée, et si lui n'est jamais vraiment remercié, ils accumulent un énorme ressentiment.

Erickson — Oh oui !

Haley — Et vous ne travaillez pas ce point. Vous traitez le manque de compréhension plutôt que le ressentiment.

Erickson — Oui. Leurs relations sexuelles étaient épouvantables. Elle était frigide avec lui. Il souffrait d'éjaculation précoce. Si elle avait un désir sexuel, il répondait par une éjaculation prématurée. Quand il est parvenu à contrôler ses éjaculations, elle n'avait plus d'appétit sexuel et se soumettait de mauvaise grâce. Elle bâillait pendant les rapports. *(Rires.)* C'était assez déplaisant. Socialement, il était extrêmement poli, mais s'ils allaient au club de loisirs, son excès de politesse provoquait des réactions désagréables et embarrassantes pour elle.

Haley — D'autres écoles de thérapie les encourageaient à exprimer verbalement leur ressentiment mutuel. Parler de la façon dont chacun ressent la manière de réagir de l'autre, l'examiner à fond puis travailler sur quelque chose de plus positif. Vous évitez cela, je suppose.

Erickson — Je l'évite. Si la maison est impossible à nettoyer, déménagez. *(Rires.)* Car l'important est de vivre dans une maison belle et agréable. Si vous ne pouvez pas faire place nette, allez ailleurs.

Haley — Bien. Un autre type de problème : un couple va dîner au restaurant, mais la femme doit prendre l'initiative de sortir et, à l'arrivée, de passer commande du repas. Elle est furieuse de devoir toujours être à l'origine des décisions. En même temps, si son mari suggère l'endroit où aller, elle n'est pas d'accord. C'est un peu l'inverse de votre exemple précédent. La femme contrôle la situation et pas le mari.

Weakland — Si vous décidez de renforcer un peu la position du mari, quelle réaction pouvez-vous attendre de l'autre partie ?

Erickson — Assez souvent, j'exprime à l'épouse, en termes très élogieux, mon admiration pour sa compétence. Puis je manifeste ma surprise. Je n'arrive pas à comprendre comment une femme de son intelligence en est venue à utiliser si peu les capacités de son mari. Habituellement, je relie cela au fait que, biologiquement, l'homme est une créature très différente de la femme. Tout autre est sa philosophie de la vie et son fonctionnement psychologique dans sa relation aux enfants. Pour la mère, l'acte sexuel complet est achevé au bout de 16 ans. Cela inclut : recevoir le sperme, porter l'enfant à naître, neuf mois de gestation, l'allaitement. Cela implique tous les changements physiologiques, les transformations physiques du corps de la femme. Cela comprend encore le fait de s'occuper du bébé, de le materner, de lui enseigner la vie, de l'éduquer, de le guider et de le protéger pendant son enfance. Une femme est biologiquement faite pour cela. Quand mon épouse dominatrice entend ça, elle y trouve des excuses légitimes à son autoritarisme. Mais cette légitimation l'amène aussi à admettre son devoir d'utiliser toutes les influences favorables de l'entourage et, parmi ces influences favorables, il y a son mari qui représente un autre type d'expérience biologique. Une forme différente d'apprentissage biologique. Et son enfant devra vivre dans un monde composé d'hommes *et* de femmes et se confronter aux deux sexes. Qu'il soit un garçon ou une fille, il doit avoir une connaissance adéquate des caractères et de la structure biologique de son propre sexe et du sexe opposé. Cette femme dominatrice est littéralement obligée de reconnaître qu'elle ferait mieux d'utiliser les caractéristiques innées et inhérentes à la structure biologique de son mari.

La femme dominatrice de son mari restaurateur

Weakland — Avez-vous un autre exemple de cas où la femme veut tout décider et en veut à son mari de ne s'occuper de rien ?

Erickson — Je pense à un couple qui a décidé d'ouvrir un restaurant. Elle veut le voir à la tête de ce restaurant et lui répète qu'il doit être le patron. Mais lui déclare : « Oui, elle me dit que je dois diriger ce restaurant. En réalité, je suis le garçon de courses, je suis le portier. Je récure le carrelage et elle me harcèle parce que je ne fais pas les achats. Elle m'asticote pour que je prenne les réservations. Elle est sans cesse sur mon dos pour que je fasse marcher la boutique. Elle est la patronne. Elle me répète que le carrelage a besoin d'être nettoyé. J'aimerais avoir quelqu'un pour laver par terre, mais je ne peux pas attendre que quelqu'un vienne se faire embaucher. Alors je n'ai plus qu'à m'y mettre et il n'y a plus besoin de recruter quelqu'un pour le faire. »

Telle est leur relation et je me demande comment la modifier. La femme n'a aucun *insight* de la situation. Elle dit qu'il doit être un homme et diriger ce restaurant. Elle souhaite rester à la maison. Elle a de la couture à faire et elle voudrait que son mari mange autre chose que de la cuisine de restaurant. Elle aimerait faire la cuisine chez elle. Il doit au moins prendre un repas au restaurant, mais pourquoi n'aurait-il pas aussi un dîner préparé à la maison ? Pourquoi ne pas lui cuisiner les plats qu'il aime avec son assaisonnement favori ? Elle insiste dans ce sens. Et, par contre le mari affirme : « Oui, c'est ce qu'elle dit. Vous l'entendez et moi aussi, mais demain matin elle sera au restaurant. »

Voici ce que j'ai fait avec elle. Je lui ai demandé : « Qui a les clefs du restaurant ? Qui le ferme ? Il rentre à la maison vers 10 heures, 10 heures 30, 11 heures, et il ouvre le matin pour le petit déjeuner. Qui a les clefs ? » Elle répond : « Nous avons tous les deux nos clefs. J'entre la première pendant qu'il gare la voiture. » Alors je fais remarquer qu'elle devrait s'arranger pour qu'il arrive une demi-heure avant elle. De là est venu le changement. Il a les clefs, il ouvre la porte et met tout en route. Je lui suggère de faire la liste de tout ce qu'il doit prendre en charge pendant cette demi-heure. Elle ne voit pas bien la signification de ma demande d'arriver une demi-heure en retard. Ils ont une seule voiture mais je fais remarquer que leur maison est seulement à quelques blocs du restaurant. Si elle veut, elle peut conduire son mari ou il peut y aller à pied. Avec cette simple demi-heure elle arrive complètement décalée et hors du coup. Il a déjà tout mis en route. Il redevient le patron. Vous voyez ?

Haley — Je vois la rupture, mais non toute la solution du cas.

Erickson — Après avoir cédé sur la demi-heure du matin, elle a accepté de rentrer à la maison à six heures du soir. Cela faisait une autre coupure dans la journée.

Haley — Bien. Nous rencontrons aussi une autre variante de ce type de relation, celle où le mari pousse sa femme à prendre le pouvoir. Tout en se plaignant qu'elle s'occupe de tout, il l'incite à le faire.

Erickson — Il l'y incite, c'est exact. Mais je n'ai pas dit au mari : « Oui, vous lavez le carrelage quand votre femme le veut parce que vous la poussez à vous demander de le nettoyer. Et vous l'invitez à vous dire de récurer les poubelles. » Car il n'aurait pas compris. Par contre, il a vite compris qu'il avait toute la responsabilité pendant une demi-heure. Cela, *il pouvait* l'entendre. C'est un homme tout à fait compétent.

Weakland — Bon. D'après ce que je connais des familles, cela demande une sacrée dose d'organisation pour simplemlent être sûr qu'il arrivera une demi-heure avant elle et elle une demi-heure après lui. Je me demande comment vous ficelez cela, car ils sont du genre anguille, fuyant tout changement défini, quel qu'il soit. Si j'ai bien compris, vous lui avez demandé de faire en sorte que son mari arrive une demi-heure avant elle.

Erickson — C'est à *elle* de le contrôler. *(Rires.)* Je lui demande de gérer sa propre défaite.

Weakland — Elle ne comprend pas ce qui se passe. Elle remarque les ressemblances mais pas la différence.

Erickson — Pas la différence. Évidemment, cela lui laisse la vaisselle du petit déjeuner et le ménage. Vous voyez, elle peut arriver une demi-heure plus tard, mais aussi bien 35 minutes. C'est une autre chose qu'elle n'a pas repérée. En fait, pourquoi pas 40 minutes en retard ? Et même une heure ? Et elle s'aperçoit que son mari se débrouille sans elle. Lui découvre au même moment sa capacité à gérer le restaurant. Elle se rend compte de la valeur de son travail ménager et de ses autres activités. Finalement, elle se contente de tenir la caisse pendant les vacances du caissier. Et, en cas de maladie d'un employé, elle viendra aider s'il y a trop de bousculade.

Je pense aussi à un autre couple de restaurateurs. Tous les jours elle vient voir s'il dirige correctement le restaurant. Il en est furieux et pourtant il la laisse faire. Il récite sa leçon quotidienne. Elle passe environ deux heures à tout vérifier en détail. Elle se pointe régulièrement entre 13 et 15 heures. Il est hors de lui mais il récite sa leçon, il fait son rapport. Je cherche à savoir pourquoi et elle me dit qu'elle ne peut pas s'empêcher de contrôler son mari. Que serait-elle prête à faire pour perdre cette habitude ? Elle ferait n'importe quoi pour s'en débarrasser. Alors, je lui donne la tâche de venir faire un rapport quotidien à son mari : « Actuellement vous l'interrogez à fond sur tous les points. Vous avez une liste de questions à lui poser tous les jours. Vous allez établir une liste similaire de questions sur *vos* propres activités. » Elle prépare le questionnaire, va interroger son mari, puis, devant son mari, elle répond à ses propres questions sur ses activités. Le mari subit toujours ses questions, mais, ensuite, elle se retrouve dans le rôle de son époux, à ceci près qu'elle gère la situation en se posant ses propres questions pour faire son rapport quotidien. Ainsi, elle contrôle tout. Mais, vous savez, elle en est écœurée. Je lui ai ôté tout le plaisir de dominer son mari.

Haley — Lui a-t-elle donné la liste ?

Erickson — Oh non. Elle fait pour moi la liste de questions qu'elle lui posait.

Haley — Oui.

Erickson — Puis je lui ai fait préparer une liste similaire de ce que son mari pourrait lui demander.

Haley — Alors, elle lui a donné la liste pour qu'il l'interroge ?

Erickson — Oh non. Je lui ai dit de garder la liste : « Vous n'avez pas à vous y référer pour interroger votre mari. Mais, après l'avoir pressé de questions, vous consultez la liste que vous avez dans votre sac et vous lui donner les réponses. » J'ai fait comme ça.

Haley — Sans qu'il l'interroge ?

Erickson — Sans qu'il l'interroge. Vous voyez, j'ai donné tout le pouvoir à cette femme, mais je l'ai forcée à se mettre... Comment prononcez-vous ce mot ? ... dans un rôle récitatif.

Weakland — Que vous accentuez encore en l'obligeant à se mettre elle-même dans cette situation.

Erickson — J'ai eu de leurs nouvelles, pour la dernière fois, il y a plus d'un an. Elle vient au restaurant uniquement pour y amener des amis et commander quelque chose. Elle ne fait plus de rapports sur son travail ménager. Elle le gère. Ils se construisent une maison neuve assez coûteuse et, à la satisfaction de son mari, elle surveille le chantier. Il a toujours été dans la restauration — voyons, il a la cinquantaine — il a commencé à s'y intéresser quand il était au lycée. Il a eu son premier stand de hot dogs et de hamburgers à 20 ans. Il a eu un restaurant à Chicago. Comme leur fils avait de l'asthme, ils se sont installés à Phoenix. Durant toutes les années de Chicago et même lorsqu'ils sortaient ensemble avant leur mariage, il a récité la litanie de sa gestion du restaurant. D'une certaine manière, il l'avait cherché.

Weakland — La différence est que, dans ce second cas, elle avait conscience de ce qu'elle faisait.

Erickson — Mais elle le faisait compulsivement.

Weakland — Là est la différence avec l'autre couple.

Erickson — Voyez-vous, elle en avait conscience, mais elle agissait compulsivement et, donc, se sentait incapable de s'arrêter. C'est pourquoi j'ai utilisé cette compulsion en l'incitant à se l'appliquer à elle-même.

Weakland — Vous l'avez contrainte à s'imposer la compulsion avec la seconde liste.

Erickson — Se l'imposer à elle-même et, de ce fait, modifier le caractère de la compulsion. Quelle quantité as-tu de ceci et quelle quantité de cela ? Elle lui déclarait : « J'ai commandé un repas de sept plats pour la maison. J'ai acheté deux pains. Nous aurons du rôti de bœuf pour dîner. »

Haley — Cela semble tellement simple après. Vous avez une façon à vous de voir la situation. Quand vous l'expliquez, cela paraît évident, mais si on essaie de l'appliquer à un couple ou à une famille, ce n'est pas tellement aisé.

Weakland — Non. Et si nous avions reçu ce couple de restaurateurs, cela ne nous aurait pas sauté aux yeux.

Haley — C'est vrai.

Erickson — Oui, mais, voyez-vous, on a tendance à ne regarder qu'un aspect spécifique de la relation conjugale. Il y a bien d'autres liens entre un mari et une femme. Pour lui, ce restaurant était toute sa vie et elle avait un réel intérêt pour son mari. Seulement, elle ne savait pas comment le lui manifester.

Le mari qui suit sa femme quand elle fait le ménage

Haley — Laissez-moi vous donner un exemple. Vous recevez un couple. La femme a eu des crises d'angoisse mais c'est terminé. Actuellement leur relation est la suivante : elle affirme en permanence qu'il est un médiocre. Il ne prend aucune initiative. Elle doit organiser toutes les sorties. Elle doit suggérer ceci ou cela. Quoi qu'elle propose, il est d'accord. C'est au point que, si elle fait le ménage le samedi matin, il la suit pas à pas. Elle déteste cette situation, mais ils ont d'épouvantables disputes dès qu'il fait une suggestion ou assume davantage son rôle de mari. Voilà comment les choses se présentent. C'est une situation très claire, mais la façon de la traiter est moins évidente.

Erickson — Bien. Que pouvez-vous m'en dire d'autre ?

Haley — Bon, ils sont diplômés d'un "college" et tous deux se sentent incapables d'avoir un travail intéressant. Il travaille pour un magazine. Elle a été secrétaire pendant deux ans, puis elle a eu ces crises d'angoisse et a dû s'arrêter. Elle a repris son travail, maintenant. C'est le seul boulot au monde qu'elle peut espérer et le seul qu'elle recherche. Elle a eu peur de chercher du travail ailleurs que dans le service de l'université où elle était employée. Actuellement ils travaillent tous les deux. Elle a peur d'avoir des enfants, un bébé la tuerait. Elle aurait une crise cardiaque à l'accouchement ou quelque chose de ce genre. Il travaille pour ce magazine. Il a un diplôme de journalisme. Il n'est pas satisfait de son boulot. Il voudrait vaguement devenir écrivain. Ils ont des fins de mois difficiles et très peu d'amis. Leur vie sociale est très limitée car ils sont mal à l'aise dans un groupe.

Erickson — Font-ils des économies ?

Haley — Ils commencent à en faire. Ils ont été terriblement fauchés pendant tout le temps où elle ne travaillait pas car il a un petit salaire. Maintenant ils mettent un peu d'argent dans un plan d'épargne-logement.

Erickson — Et il la suit pas à pas, la regarde balayer une pièce, la suit dans la pièce voisine et continue à la regarder balayer. Lequel des deux voulez-vous mettre en colère contre l'autre ?

Haley — Je ne veux mettre en colère aucun des deux ; je voudrais les rendre un peu plus heureux.

Erickson — Oui. Mais dans ce cas précis, vu ce que vous me décrivez, j'essaierais, il me semble, d'en rendre un furieux contre l'autre sur un sujet bidon. Par exemple, je pourrais faire démarrer une bagarre entre vous et Gregory[8] sur le thème : « Allez-vous installer le feu de camp à l'est ou à l'ouest de ce ruisseau ? » Combien de fois allez-vous venir camper au bord de ce ruisseau ? Rarement. Bâtissez un cadre où vous pourrez les faire commencer une dispute avec une situation qui ne se reproduira pas. Aucun d'eux n'a envie de se quereller avec l'autre. Si vous montez une bonne bagarre, tous les deux auront ensuite plus d'affection et de respect pour l'autre. Et ils ne comprendont pas ce que vous avez fait.

Haley — Oh, il leur arrive de se disputer, mais c'est sur le fait qu'il a oublié de fermer la porte à clef quand ils sortent.

Erickson — Je vois.

Haley — Ou qu'il n'a pas fait ceci ou cela.

Erickson — Oui. Du pinaillage. Sur des choses stupides et sans intérêt. Pourquoi pas une bonne bagarre ? Une forte, une intense bagarre ?

Weakland — Mais dans un domaine limité où ils ne la poursuivront pas.

Erickson — C'est ça. J'aimerais utiliser cette façon de la suivre — je tâcherai d'obtenir d'elle plus de détails pour mieux m'en servir. Il la suit dans toutes les pièces pendant qu'elle balaie. Je voudrais le pénaliser terriblement pour cela. Mais je veux *la* punir en même temps. Alors je construis le cadre avec elle : « Faites en sorte qu'il vous suive dans le salon, la salle à manger, la cuisine, l'entrée. Vous balayez très soigneusement et vous le laissez vous regarder. Et vous attirez son attention. Dites : “Je balaie ce coin”. Quand vous avez bien balayé tout, allez dans la cuisine et prenez le sac que vous avez préparé. Partez de l'endroit où vous avez commencé à balayer, prenez une petite poignée de feuilles, d'herbe et de terre et jetez-la là. Faites ainsi tout le tour de la maison et veillez à ce qu'il vous suive. Ensuite, dites-lui : “Tu sais, je recommencerai à balayer samedi prochain”. » Que pensez-vous que cela leur fera à lui et à elle ?

Haley — Je ne sais pas. Que va-t-il arriver ?

8. Bateson.

Erickson — C'est une situation intenable. Vous devez faire quelque chose. Et vous ne pouvez pas balayer avant le samedi suivant.

Haley — Elle aura reçu l'instruction de ne pas balayer jusqu'au samedi suivant ?

Erickson — Jusqu'au samedi suivant.

Haley — Ce sera décidé avec elle seule.

Erickson — Et j'interdis toute discussion.

Haley — Elle refusera de discuter avec lui s'il dit : « Bon Dieu, nous ne pouvons pas laisser la maison dans cet état toute la semaine ? »

Erickson — C'est ça.

Bateson — Le sol n'a pas été préparé de façon particulière.

Haley — Elle a seulement balayé soigneusement pendant qu'il la suit. Puis elle prend le sac de saletés et l'éparpille partout. Enfin elle dit : « Je balaierai la maison samedi prochain. »

Erickson — Je mets au point avec elle ce qu'elle devra faire. Il doit la suivre d'une pièce à l'autre et l'observer sans la critiquer, c'est-à-dire sans exprimer verbalement ses critiques. Puis, quand elle a fini de tout salir, elle doit dire : « Je balaierai la maison dans une semaine samedi prochain. » Chacun d'eux sait que j'ai interdit toute discussion. Ils ont toute une semaine pour se confronter à ce problème majeur. C'est une situation invivable.

L'homme que son voisin regarde tondre le gazon

Erickson — Je peux vous donner un autre exemple du même type. Un de mes patients me dit : « Je ne peux plus supporter la manière d'agir de mon voisin. Chaque fois que je tonds ma pelouse, il débarque et commence à me suivre. Il ne dit pas grand-chose, il se contente de me regarder. Il est terriblement casse-pied. Je ne l'aime pas, il ne peut pas me souffrir et il est infernal avec moi. Je n'ai pas les moyens de vendre ma maison pour m'installer dans un autre quartier. Je deviens enragé et ma femme se dispute avec la sienne. Leur façon de se venger et de me faire suer est de me suivre pas à pas. Si je lui demande de sortir de mon jardin, il s'appuie à la haie et me regarde. J'en suis dingue. Il rentre chez lui avant moi et s'assied devant la maison pour me guetter. Quand je pars le matin, il est déjà dehors à m'attendre. Je deviens fou. »

Je lui ai dit : « Ce serait juste de lui rendre la pareille. » Et j'ai suggéré à cet homme : « Faites une collection de bouts de ficelle, de morceaux de bois, de boîtes de conserve et de vieux journaux. Ensuite, tondez trois ou quatre andains devant la maison. Puis prenez un vieux bout de planche et posez-le là très soigneusement. Continuez à tondre et au milieu du gazon placez une boîte de conserve. Asseyez-vous et restez un moment à la regarder. Appuyez dessus pour qu'elle reste en place. Faites la même chose derrière la maison. Décorez simplement le jardin devant et derrière la maison avec ce genre de rebuts. Puis allez examiner vos massifs et coupez une fleur, un arum par exemple. Prenez votre sécateur, regardez amicalement vos arums, puis penchez-vous, cassez-en un à moitié et laissez-le tel quel. »

Un mois plus tard, le voisin n'en pouvait plus. Il n'était plus là pour le guetter. Il ne le regardait plus tondre le gazon. Il avait renoncé. La femme du voisin ne venait plus le long de la clôture dire : « Vos enfants font trop de bruit. Ne dirait-on pas que votre lessive est un peu grise ? » Le voisin était écœuré. C'était insupportable pour lui. Un mois passé à répandre laborieusement des détritus en tondant sa pelouse. Ce voisin à cause duquel il était prêt à quitter le quartier n'a pas pu supporter ce comportement.

Haley — Pourquoi n'a-t-il pas pu le supporter ?

Erickson — Comment cela marche ? Mon patient se conduit comme un détraqué et le voisin sait *qu'il n'est pas* fou. Il s'est assigné pour but de rendre dingue mon patient. Il *le* pousse vraiment à bout. Cela n'a aucun sens de prendre un vieux bout de planche et de l'installer avec précision à l'endroit où vous venez de couper l'herbe ; c'est insensé. Depuis, ils sont devenus amis. *(Rires.)*

Weakland — Je me rends compte qu'il y aurait une alternative possible. Ce serait, pour ce cas, une directive plus difficile à exécuter. Vous auriez pu lui dire de demander à son voisin de le surveiller très attentivement et d'observer de près chacun de ses gestes. Ainsi, s'il se trompait, il aurait quelqu'un pour le lui signaler.

Erickson — Mais, vous voyez, en étalant ces détritus, il oblige le voisin à l'observer très soigneusement d'une façon que le voisin ne peut refuser. Il est forcé de le faire.

Haley — Dieu, c'est bien ficelé.

Erickson — Il le demande. Il l'oblige à le faire et il n'y a pas de refus possible. Tout refus du voisin signifierait l'abandon de son modèle de relation. Et cet abandon du modèle se fait par le voisin lui-même, pas à la requête de mon patient.

Haley — Pas à sa requête directe.

Erickson — Mon patient lui a seulement demandé : « Donnez-moi un moment d'attention. »

Haley — Mais pour revenir à notre couple, lorsque vous bâtissez ce genre de cadre invivable, qu'arrive-t-il ensuite ? Quel but essayez-vous d'atteindre avec cette situation impossible ?

Erickson — Mon client s'est intéressé à ce jeu et y a pris plaisir. Il s'y mêle la satisfaction du pouvoir sur l'autre et de l'amusement. Il veut obliger le voisin à continuer à le regarder et créer une autre forme de relation avec lui, mais il lui est impossible de prévoir la réaction du voisin. Il attend quelque chose de la relation à son voisin. Mais ce doit être la conséquence d'un comportement particulier et imprévisible. C'est pourquoi ils sont finalement devenus amis.

Haley — Bon, mais si je donne instruction à cette ménagère méticuleuse de suivre une telle procédure : balayer, faire remarquer comment elle nettoie bien le plancher, puis aller répandre toutes ces saletés...

Weakland — Attention, fait-elle remarquer comment elle balaie ou seulement qu'elle balaie ? Il y a une différence entre les deux.

Erickson — Vous voyez, mon patient devait tondre trois andains de gazon, puis soigneusement installer ce vieux bout de planche, tondre un peu plus et poser minutieusement la boîte de conserve, et enfin l'enfoncer dans la pelouse. Maintenant vous avez ce couple. Je ne connais rien de leurs personnalités. Ce n'est peut-être pas adapté aux personnes auxquelles vous pensez, mais le point important est de créer une situation invivable, sans discussion possible.

Haley — Chacun séparément reçoit la directive de ne pas discuter ?

Erickson — Oui.

Haley — Et le mari a la surprise de voir ce qui arrive. On ne lui dit pas d'avance ce qu'elle va faire ?

Erickson — C'est exact.

Haley — On lui demande seulement de ne pas discuter, sans lui spécifier ce qui ne doit pas être discuté.

Erickson — C'est cela. Vous imprimez cela bien soigneusement dans l'esprit du mari, puis dans celui de la femme.

Haley — Et alors ils sont confrontés à ce plancher dégoûtant, balayé le jour même, avec interdiction de le nettoyer jusqu'au samedi suivant et sans discussion possible.

Erickson — Absolument.

Bateson — Et ils ont les Jones qui viennent dîner le mercredi. *(Rires.)*

La femme aphasique et les poissons tropicaux

Erickson — Pour aider une de mes patientes aphasiques, qui avait eu un accident cérébral, à surmonter un des obstacles à sa guérison, j'ai dit à son mari : « Écoutez, vous allez acheter un aquarium. Vous en prenez un de cinquantes litres. Vous l'installez dans le bureau et vous y mettez des poissons. » Il me répond : « Mais ma femme déteste les poissons exotiques. » Je poursuis : « Je sais, mais vous pouvez vous offrir cet aquarium et ces poissons exotiques. » Après ces instructions données au mari, j'ajoute : « Si votre femme vous dit de faire certaines choses à propos de l'aquarium, faites-les. Après l'avoir installé, vous dites à votre épouse : "Parles-en avec le docteur Erickson." » Quand elle arrive, je lui dis : « Votre mari a acheté un aquarium et y a mis des poissons. Vous détestez les aquariums et les poissons exotiques. C'est d'accord, mais tous les soirs, à sept heures, amenez votre mari devant l'aquarium et regardez les poissons en silence pendant une demi-heure. Vous ne savez pas pourquoi et votre mari non plus. Restez simplement là une demi-heure, absolument silencieuse, et dites-lui d'observer le même silence complet. »

Weakland — Quel est le patient aphasique dans le couple ?

Erickson — La femme. « Ne dites absolument rien. A la fin de la demi-heure — vous regardez la pendule — vous quittez la pièce tous les deux et vous reprenez votre vie normale. Tout ce qui vous fera plaisir. » Cela a très bien marché. La femme passait cette demi-heure avec une envie désespérée de demander à son mari : « Pourquoi, diable, fais-tu cela ? Pourquoi ? Que cherche le docteur Erickson ? » *(Rires.)* Je voulais lui donner un terrible désir de parler. Son mari m'avait dit qu'elle aimait parler, mais que cela devenait de plus en plus difficile. Elle restait assise à le regarder lorsqu'il essayait d'avoir une conversation avec elle. Il n'a pas compris la raison de cet aquarium. C'était une diversion de regarder les poissons. Rester assis en silence. Il voulait dire des choses à sa femme et elle voulait lui parler. Ils pouvaient se regarder et rester sur leur envie. Je les ai laissé continuer ainsi pendant un mois. Vous auriez vu cette patiente aphasique s'exprimer par la suite.

Haley — Avez-vous interdit toute discussion concernant l'aquarium après la demi-heure ? Aucune discussion ?

Erickson — Absolument aucune. Pour eux, cela restait un problème insoluble. Sans la moindre explication.

Haley — Bon, vous créez des situations invivables, vous posez des problèmes insolubles pour les obliger à trouver des solutions différentes de celles utilisées dans le passé. C'est bien cela l'idée ?

Erickson — C'est cela.

Haley — C'est un principe zen.

Bateson — Le Koan, oui.

Haley — Le Koan.

Erickson — Il voulait faire parler sa femme et elle croyait ne pas pouvoir. Mais, placée dans une situation impossible, elle devait absolument dire quelque chose.

Bateson — Comment avez-vous terminé ? Je veux dire, quelle est la fin de l'histoire ?

Erickson — J'ai pu m'arrêter quand le mari m'a dit que sa femme parlait davantage et de plus en plus librement.

Bateson — Pendant le reste de la journée ?

Erickson — Exactement. Un terrible besoin de parler — en sachant que le soir je devrai aller m'asseoir là, en silence. *(Rires.)*

Haley — Vous la punissez de son silence. Vous la punissez *par* le silence.

Erickson — Faut-il appeler cela une punition ou peut-on dire que vous utilisez le silence pour créer la motivation ? Vous introduisez de nouvelles valeurs dans le discours.

Haley — Vous revenez toujours au même point : accepter leur façon de faire et les amener à l'utiliser autrement.

Erickson — A propos, maintenant ils adorent tous les deux les poissons exotiques. *(Rires.)* Le dimanche, ils vont souvent visiter ces grands aquariums publics pour regarder les poissons. Et ils ont de la peine si un de leurs poissons meurt — qu'il soit un chétodon, un mani ou d'une autre espèce.

Weakland — Et c'est un sujet de conversation.

Erickson — Oh, sûr ! Et pourquoi aurais-je commencé à la rééduquer de manière orthodoxe. Avec cette méthode-ci, elle n'avait pas la possibilité de s'opposer à l'accroissement du langage. Et son mari n'avait aucune occasion de susciter son antagonisme en la poussant à parler.

Weakland — Ceci m'est très familier car, au cours des deux dernières années, mon père, après une attaque qui l'a laissé paralysé du côté droit, il y a trois ans, a développé un processus d'opposition contre son kinésithérapeute. Il vient chez moi et me dit : « Mon Dieu, ce qu'il m'a bousculé aujourd'hui ! J'en ai tellement assez qu'il me mette à plat pour toute la semaine ! Il ne réalise pas dans quel état je suis. » Progressivement, il diminue le rythme des séances et sa mobilité se réduit.

Erickson — Oui. Pour revenir à cette patiente, il n'y a rien de plus bête au monde que d'essayer d'écrire le nom de la ville où vous habitez lorsque vous êtes droitier et que l'attaque a paralysé le côté droit. Essayez d'écrire le nom de votre ville à l'envers avec la main gauche. C'est totalement idiot et inutile. Pourquoi tenir le crayon dans cette main ? Je ne lui ai pas demandé d'écrire avec la main droite, comment aurait-elle pu refuser ? Des apprentissages de second ordre. Elle a pu contenter tout son ressentiment sur ma demande stupide d'écrire le nom de la ville à l'envers avec sa main gauche. Elle a été absolument ravie quand elle y est parvenue. Puis je lui ai demandé si elle pouvait écrire en renversant les lettres de bas en haut. A l'envers, quoi. Qu'est-ce que cela peut avoir à faire avec le contrôle des muscles du bras droit ? C'est une tâche prodigieusement intéressante.

Weakland — Cela met en relation d'autres mouvements.

Erickson — C'est exact. Et, thérapeutiquement, dois-je lui expliquer comment bouger ce bras, comment se rappeler, comment reconstituer ses aptitudes. Pfff... de tout cela.

Weakland — Si elle ressemble à mon père... Il n'accepte pas qu'on lui dise quelque chose...

Erickson — Maintenant, il est très difficile d'imaginer que cette patiente a été aphasique, paralysée et très handicapée physiquement. Actuellement, je peux lui proposer n'importe quoi de totalement absurde ; elle le fera.

Weakland — Bien, je prends cela pour une thérapie par l'absurde, n'est-ce pas ?

Erickson — C'est vrai parce que vous ne pouvez pas lutter contre l'absurdité. Les gens n'ont pas des problèmes parce qu'ils raisonnent froidement, intelligemment, logiquement. Ils ont ces problèmes parce qu'ils *sont* déraisonnables et qu'ils *sont* illogiques. Par conséquent vous les rencontrez sur leur terrain.

Weakland — Sur leur terrain illogique.

Erickson — Sur le terrain de l'illogisme.

3

SUSPICION, ENTRETIENS DE COUPLES, QUERELLES

Milton Erickson, Gregory Bateson, Jay Haley et John Weakland

Gregory Bateson — Que faites-vous de la suspicion paranoïaque entre mari et femme ?

Milton Erickson — Ces soupçons paranoïaques ?

Bateson — Oui.

Erickson — « Certainement votre mari vous a donné des raisons de le soupçonner. Vous préféreriez ne pas vous méfier de lui ». Vous êtes bien d'accord ?

Bateson — Oui.

Erickson — « Et cela signifie que vous ne voulez pas tout examiner en détail, car vous préféreriez ne pas montrer votre méfiance, mais elle existe et elle a une raison d'être. Ne pensez-vous pas qu'il vaudrait mieux étudier la question à fond plutôt que de garder ces éléments vagues, flous et mal fondés ? Alors, voyons quel serait votre motif concret de soupçonner votre mari et non une raison globale, vague et mystérieuse ? » Et elle va commencer à examiner la situation.

Bateson — En présence du mari ?

Erickson — Le mari est là. Et donc elle répond souvent : « J'aimerais vous le dire en privé. » Vous vous tournez vers le mari et vous lui dites : « Vous savez, c'est très généreux de la part de votre femme de vouloir me parler seul à seul, car elle a probablement une chose précise à me révéler. Il y a sûrement un doute dans son esprit. » Le mari est rassuré, et qu'ai-je fait de la certitude de la femme ? En effet, elle aimerait avoir un doute et je n'ai parlé au mari que de ce doute. J'aide le mari à quitter le bureau. La femme le sait. Je donne à celle-ci plus de facilité pour parler de ce vague soupçon. Mais elle va en parler comme d'une chose très précieuse et en même temps *incertaine.*

Weakland — Et vous modifiez totalement le sens de cet entretien privé.

Erickson — Vous changez complètement sa signification. Vous considérez le besoin de solitude dans sa totalité. Il a beaucoup de sens possibles ; par conséquent vous devez en définir un. Si vous allez dans la forêt, vous pouvez camper dans une multitude d'endroits, ici ou là ou là, ou encore là et là. Vous regardez autour de vous et vous décidez qu'ici vous allez vous installer et déposer vos sacs. Mais si vous examinez ce lieu, y a-t-il plus de raisons de camper là plutôt qu'ailleurs ? Si vous l'avez choisi, vous direz qu'il a plus de qualités qu'un autre. Vous faites le choix d'un certain arbre. Est-il mieux que les autres arbres ? Non. Vous l'avez simplement décidé. Cela ne le rend pas plus beau. Camperez-vous sur la rive droite ou la rive gauche du ruisseau ? Pour quelque mauvaise raison choisissez-vous la rive droite. Cette raison vous semble bonne. Elle tient à votre besoin d'intimité. Il y a tout un tas d'interprétations possibles de ce besoin d'intimité. Vous en proposez une, acceptable pour toutes les personnes concernées. Alors elles vous suivent et investissent l'endroit. C'est à vous de considérer la situation et d'évaluer si un entretien privé a un intérêt quelconque. Ne vous contentez pas de dire : « Oui, bien sûr, vous parlerez plus librement si votre mari n'est pas là. » C'est seulement une des interprétations possibles.

Jay Haley — Quand vous recevez des personnes individuellement, vous découvrez inévitablement que l'autre membre du couple est impliqué dans le problème. Ma question est : comment décidez-vous et sur quelle base choisissez-vous de faire venir le conjoint ou de l'exclure ? Soit de travailler sur le couple avec celui des deux qui est là, soit de faire venir l'autre ?

Le mari qui voulait partager ses dettes

Erickson — D'accord. Vous essayez de vous faire une idée de la malléabilité du conjoint, de sa capacité de réaction. Dans le courrier d'hier, j'avais une lettre d'une de mes patientes. Elle est venue me voir avec l'idée de sauver son mariage. Plus je l'écoutais parler de ses attentes et de ses désirs vis-à-vis de son mari, moins j'avais l'espoir de préserver le couple. Quand elle m'a amené son mari, car j'ai vu le mari, mon opinion s'est révélée juste. Le mari, très à l'aise, m'a expliqué simplement que, dans un couple, il faut tout partager. Mettre tous les biens en commun. Avoir de l'intérêt, un immense intérêt pour l'autre. Faire passer en premier le désir de l'autre à chaque occasion. C'était merveilleux à entendre. Quand il a épousé sa femme, disait-il, il lui a tout donné et il a espéré la même chose en retour. Il ne s'attendait pas à un mouvement de *retrait* de sa part. C'était vraiment une superbe discussion mais elle n'avait aucun sens. Au moment de leur mariage, elle avait un fils au service militaire. Quand vous vous mariez, disait-il, vous abandonnez tout le reste pour vous attacher l'un à l'autre. Elle avait ce fils au service militaire. Elle possédait une maison sans emprunt ni hypothèque. Elle avait des économies à la banque et elle travaillait. Qu'avait-il, lui ? Il avait une voiture magnifique. Il avait une bonne situation. Il avait une ex-femme et deux enfants. Le tribunal l'avait astreint à une pension alimentaire pour les enfants. Il était en retard de 3 000 dollars pour cette pension. Il lui restait 1 700 dollars à payer pour sa voiture. Il n'avait pas un sou à la banque. Il voulait mettre en commun tout ce que chacun d'eux possédait. *(Rires.)*

Weakland — Mettre en commun ses dettes et les économies de sa femme.

Erickson — Il m'a dit cela très tranquillement. Malgré toutes mes tentatives pour en parler objectivement, il n'a pas vu l'absurdité de l'affaire. Il mettait tout dans le pot commum et elle donnait tout. « Vous vous attachez à l'autre et vous abandonnez tout le reste. » Il le pensait vraiment, car la première obligation est envers le conjoint. Vous ne distribuez pas vos biens à des étrangers et le fils de sa femme était un parfait étranger pour lui. Si ce fils rendait visite à sa mère dans sa propre maison, il devait payer ses repas et sa chambre. Car pourquoi ferait-il des cadeaux à des étrangers ? Et cet homme est diplômé d'un « college ». Sa femme également. Ce type d'agréable discussion semble si merveilleux et tellement convaincant avant le mariage. Mais quand j'ai entendu sa femme m'en faire la description et me dire qu'il voulait faire payer les repas de son fils quand il venait à San Diego pour le week-end, j'ai su de façon certaine que ce mariage était sans espoir. Vous discutez avec le mari et vous l'entendez mettre ces idées en avant. Oui, c'est un homme intelligent, mais il veut prendre les économies de sa femme. Mettre la maison à leurs deux noms et lui faire partager ses dettes. Elle pourra l'aider à payer son arriéré de pension alimentaire.

Weakland — Mais, dans certains cas vous voyez seulement un membre du couple et dans d'autres cas les deux.

Erickson — Il était peut-être inutile de voir cet homme après avoir entendu qu'il faisait payer ces repas du week-end. Surtout après le compte rendu fait par la femme de toutes leurs discussions. Car là le contraste est trop violent et destructeur.

Le couple qui passe son voyage de noces dans une chambre d'hôtel

Erickson — Prenons le cas de Jim et Eve. Au bout de cinq ans leur mariage va à la dérive. Avant même de venir me voir, ils se sont mis d'accord pour une séparation à l'amiable. Ils n'ont rien en commun. Pas d'intérêts à partager. Jim fait tout de travers. Eve n'apprécie jamais rien. Jim fait de son mieux. Eve également. Mais cela n'aboutit à rien de positif. Ils ont eu un extraordinaire voyage de noces. Il a acheté les billets, fait les réservations et tout préparé à l'avance. Sa femme a peu voyagé et ce cadeau de mariage est une merveilleuse et complète surprise. Billets d'avion pour Honolulu, installation au Royal Hawaian, une suite superbe, et deux semaines de séjour. Le service complet dans leur appartement le soir, un petit orchestre de musique de chambre, le maître d'hôtel, tout. Les deux semaines lui ont coûté plus de 5 000 dollars. Il a eu tout ce qu'il pouvait imaginer. Et je le laisse expliquer tout cela devant Eve. Puis, absolument horrifié, il doit subir le récit d'Eve. Ils n'ont pas quitté leur suite pendant deux longues semaines. Tout leur est apporté sur commande. Si elle veut faire des achats, quelqu'un vient avec des robes, des bijoux, des sacs, des montres. Ses robes sont retouchées sur place. Ils ne sortent jamais. Un merveilleux royaume dont elle est la reine, mais à l'intérieur de l'appartement. Le coiffeur vient tous les jours avec ses appareils pour la coiffer. Pouvez-vous imaginer quelque chose de plus stupide ? Et il insiste sur sa générosité. Et Eve dit : « Mais je voulais mettre mes pieds nus dans le Pacifique. *(Rires.)* Je voulais marcher sur le sable. J'ai volé au-dessus de l'océan. Je n'avais jamais vu la mer avant. Nous avons atterri à l'aéroport et il y avait une superbe voiture pour nous amener à l'hôtel. J'aurais voulu me pencher pour sentir le parfum d'un hibiscus au lieu d'avoir une femme de chambre qui m'apporte de magnifiques compositions florales préparées par le fleuriste de l'hôtel. Puis nous avons repris une limousine pour retourner à l'aéroport. Il y avait un arrangement spécial pour l'enregistrement et tout a été chargé dans l'avion. »

Haley — Donc, vous avez d'abord eu sa description à lui, puis vous lui avez fait écouter le récit de sa femme. Vous dites qu'avant de faire venir le conjoint vous essayer d'avoir une idée sur son aptitude à changer. Comment pouvez-vous, en parlant avec une personne, évaluer la façon de réagir de l'autre ?

Erickson — Très bien, je vois le mari, là, et au lieu d'écouter sa femme et d'essayer de comprendre, il est en train de préparer sa réplique. Avez-vous déjà regardé un débat politique ? Les adversaires ne s'écoutent pas. Ils pensent uniquement à réfuter l'argument de l'autre. Que pourrais-je dire pour détourner l'attention du public de *cette* déclaration et la réfuter ?

Erickson — Bien. Vous avez devant vous une personne qui n'entend rien. La question est de savoir si elle peut apprendre à écouter. Pouvez-vous lui apprendre à reporter d'un mois sa réfutation ? Pouvez-vous lui faire comprendre qu'il ne s'agit pas d'un débat avec argument et contre-argument ?

Haley — Je vois, j'ai un couple de ce type en ce moment.

Weakland — Moi aussi, j'en ai vu plusieurs.

Haley — Cela montre leur capacité de changer dans la salle de consultation, mais comment décidez-vous de faire venir ou non le conjoint ?

Erickson — Si mon patient veut amener son conjoint et si je souhaite le faire venir, je tente de me représenter son type de personnalité à travers les informations dispensées au compte-gouttes ou généreusement par ce patient. Dès que je me suis fait une idée du conjoint, j'essaie de l'exprimer d'une autre façon. D'une manière humoristique et jamais désagréable ou hostile.

Weakland — Vous dites : quand vos patients souhaitent amener leur conjoint. Y a-t-il des cas où le patient ne le mentionne pas ou hésite, et ou pourtant vous le recommandez ?

Erickson — Oh oui ! Je pense à ma cliente d'hier, celle que vous avez manquée de peu. Elle vient me voir en secret. Elle ne sait pas si elle désire ou non que je rencontre son mari. J'ai déjà la certitude que je n'aurai pas envie de voir le mari.

Haley — Que vous *n'en avez pas* envie ?

Erickson — Oui, et voilà pour quelle raison. Ils sont mariés — est-ce depuis... six ans ? Elle a raconté hier qu'il lui a jeté à la figure, comme s'il datait d'hier, un conflit survenu au cours de leur première semaine de mariage.

Haley — Est-ce suffisant pour ne pas le faire venir ?

Erickson — Sur un point mineur. C'était un incident. Je ne peux pas vous dire exactement quoi, mais je vais prendre un fait similaire. Un verre de vin a éclaboussé sa robe et il a fallu la porter à nettoyer. Six ans, c'est bien long pour se rappeler de tels incidents. S'il se souvient de celui-là, combien de trucs inconséquents garde-t-il en tête ? Sa femme a travaillé sans arrêt depuis leur mariage pour embellir leur maison, à l'exception du temps où elle était enceinte. Et encore, elle a travaillé pendant une partie de sa grossesse.

Haley — Bon, mais en quoi cela vous dissuade de le faire venir ?

Erickson — Combien de temps va-t-il me faire perdre avec ces broutilles ? Et à quoi cela lui servira-t-il ?

Weakland — Alors quelle est l'alternative ? À votre avis, ne peut-on rien pour lui, peut-on faire quelque chose avec lui ou est-ce possible d'agir en le laissant hors du coup ?

Erickson — Eh bien, la situation est celle-ci : l'amie du mari est venue trouver sa femme pour lui suggérer de divorcer. Le mari ne voit rien de mal dans le fait que son amie demande à sa femme de lui accorder le divorce. Quelle chance y a-t-il de sauver ce mariage ? Et y a-t-il là un mariage à sauver ? Elle pense que oui. Je pense que non. Je peux me tromper, elle également. Mais je préfère m'occuper le plus soigneusement possible de sa capacité d'adaptation à un divorce ou une séparation. Rester mariée et s'accommoder d'un mari qui se conduit d'une telle façon !

Haley — Quand vous vous êtes fait une idée des réactions du mari, cela détermine-t-il votre décision de le faire venir ou non ? Et s'il vous semble capable de changer, pensez-vous pouvoir travailler avec la femme et le laisser suivre son évolution ?

Erickson — Après avoir travaillé quelque temps avec la femme, vous l'interrogez sur les réactions du mari à son évolution et vous avez ainsi une bonne mesure du changement intervenu.

Haley — S'il réagit mal, vous le faites venir ?

Erickson — Parfois s'il réagit très, très bien, vous sentez que vous pouvez accélérer son évolution. Mais s'il réagit mal, de quelle manière le fait-il ? Si c'est une réaction de jalousie, s'il est jaloux des progrès de sa femme, alors vous l'invitez très vite ici. Dans certains cas, vous pouvez exploiter cette réaction de jalousie et l'intensifier en lui demandant de faire l'éloge des changements de sa femme. Puis, vous évoquez délicatement et de façon indirecte des modifications possibles de son propre comportement. Et il vous en fait la démonstration. Par quoi un enfant est-il motivé pour travailler à l'école ? Être content de lui-même, sans doute. Plaire à ses professeurs, c'est vrai. Montrer sa valeur à ses camarades. Et aussi apprendre quelque chose. Il y a de multiples motivations pour travailler en classe. Vous devez trouver *une* motivation.

Haley — Admettons que vous receviez une femme et que vous estimiez utile de faire venir son mari. Parfois, parce qu'elle est trop attachée à vous, vous sentez chez elle une réticence à la venue de son mari qui va vous montrer l'autre côté du tableau. Rencontrez-vous ce genre de cas ?

Erickson — Je corrige cela immédiatement. On dit beaucoup de choses à propos de la relation transférentielle et, si j'apprécie que mes patients m'aiment bien, m'aiment vraiment beaucoup, je souhaite trouver mon compte comme thérapeute dans la façon dont ils s'attachent à moi. Si j'ai envie de voir le mari, le transfert sur moi les incitera à souhaiter que je le fasse venir et non le contraire.

Haley — Bien. Et si la femme a biaisé les choses ou croit l'avoir fait ?

Erickson — Si elle le croit, cela vient de moi. Car j'encourage toujours mes patients à me donner *leur* version de l'histoire. J'en souligne l'importance.

Haley — Cela implique qu'il existe une autre version ?

Weakland — Cela signifie aussi que vous voulez entendre leur version, comme étant la leur. Sans vouloir dire que je veux connaître votre point de vue parce que c'est la vérité. Ainsi ce peut être seulement une partie du tableau, sans diminuer sa valeur.

Erickson — Oui. Et je dis au patient : « En fait, en écoutant votre version de l'histoire, j'accepte tout à fait de vous laisser noircir le tableau. » C'est vrai. Mais quel est le résultat ? Cela souligne le fait qu'il existe une autre version de l'histoire. Cela met l'accent sur le fait qu'il/elle exagère lourdement, mais qu'il/elle partage ce défaut avec son conjoint.

Weakland — Bon. Nous avons une autre question étroitement liée, je pense, à celle-ci. Supposez qu'une femme vienne et vous donne une quantité d'informations qu'elle estime secrètes et confidentielles. Puis le mari arrive. Comment vous débrouillez-vous avec tout ce qu'elle vous a dit auparavant, en privé ?

Erickson — Je dis à mes patients : « Habituellement, tout ce que vous me dites reste secret entre nous. Mais, si vous me racontez quelque chose de hautement confidentiel et que je dois en discuter avec votre mari, je vais conduire la conversation de manière à l'amener à me dire la même chose. Maintenant, vous savez que votre mari vous trompe. Il ne pense pas que vous le sachiez. Il sera absolument furieux et vous quittera s'il découvre que vous êtes au courant. Il craint par-dessus tout que vous l'appreniez et pourtant vous le savez. Comme vous êtes ma cliente, il va éviter de me le dire par peur d'être trahi. Malgré tout, je vais conduire la conversation de telle manière qu'il en parlera « spontanément ». Mais je ne vous dirai pas s'il me l'a dit ou non. »

Haley — C'est assez compliqué.

Erickson — Vous ne voyez pas où cela mène ? Cela lui fait comprendre que je ne trahirai pas le secret professionnel et que je ne révélerai rien à son mari. Mais je ferai de même pour le mari. Et ils auront tous les deux une confiance absolue en moi car j'ai dit à chacun d'eux : « Je ne parlerai pas à votre conjoint de ce dont nous avons discuté ensemble. » Ils ont besoin d'en parler. Cela devient de plus en plus nécessaire et je vais utiliser cela. Ils ont un point de départ : elle va lui dire qu'elle est au courant et il va lui raconter ce qu'elle sait déjà. Ensuite ils pourront en venir aux choses sérieuses et trouver un ajustement, chose impossible tant que chacun d'eux garde son secret.

Weakland — Et, d'une certaine façon, vous leur dites que vous sauvegardez leurs confidences d'une manière qui les pousse à se parler davantage.

Erickson — C'est exact.

Weakland — Mais je ne vois pas comment ça marche.

Erickson — Vous voyez, j'assure la garde du secret.

Weakland — Vous prenez le relais du secret pour les amener au dialogue.

Erickson — Oui.

Haley — Et vous ne leur suggérez pas plus directement de discuter ensemble de ces choses-là ?

Erickson — Quand je vous dis que je vais garder votre secret, cela vous met à l'aise. Vous êtes libre de choisir à qui d'autre vous allez le confier. Car vous savez que je ne vais jamais le révéler. Je vais le préserver et, si vous l'avez trahi avec moi, si vous me l'avez confié, vous l'avez fait en toute sécurité. Vous avez appris que vous pouvez confier un secret de façon sûre. Il existe un secret qui doit être révélé, et moi, je le garde.

La femme qui tombe enceinte après la vasectomie de son mari

Haley — Cela me rappelle un couple que j'ai vu quand la femme était hospitalisée parce qu'elle se droguait au Seconal. Pendant son hospitalisation, son mari a subi une vasectomie sans son accord et sans l'en avertir. Deux mois plus tard, elle découvre qu'elle est enceinte. Il prétend qu'il était peut-être encore fertile à ce moment-là car il ne s'est pas soumis au dernier contrôle. Ils ont eu un rapport deux ou trois mois après la vasectomie. Maintenant, elle est indignée et exige de son mari qu'il se déclare certain, à cent pour cent, de sa paternité. Et pour moi, il est à peu près sûr que l'enfant n'est pas de lui.

Erickson — À mon avis, il y a une forte probabilité qu'il le soit.

Haley — Qu'il le soit ?

Erickson — Oui.

Haley — Sur quelle base ?

Erickson — Pourquoi le mari a-t-il omis une certaine démarche ?

Haley — Laquelle ?

Erickson — Aller se faire faire un examen de sperme.

Haley — Oui, il aurait pu le faire.

Erickson — Et pourquoi ne l'a-t-il pas fait ?

Haley — Je crois qu'il préfère ne pas savoir.

Erickson — Il préfère ne pas savoir et vous ne lui avez jamais suggéré cet examen. En fait, vous ne souhaitez pas qu'il le fasse car la numération des spermatozoïdes pourrait être fausse. Faisons un peu d'anatomie, voulez-vous. Il y a un canal déférent de ce côté et un autre ici. Mais, parfois, vous avez aussi un canal déférent auxiliaire. Vous en avez coupé un mais pas le canal auxiliaire. Ce canal auxiliaire laisse de temps en temps passer des cellules séminales. De temps à autre vous pouvez avoir un examen positif. Dans une revue médicale, il y a eu une enquête sur des pères vasectomisés ayant subi des examens de sperme réguliers. On a découvert qu'ils *sont* fertiles, mais de façon intermittente. C'est l'objet de beaucoup de conjectures. Il est connu en anatomie que vous pouvez avoir un canal déférent auxiliaire. On voit aussi des canaux déférents, après ligature ou sectionnement d'un segment, se reconstituer d'eux-mêmes. Enfin, on a découvert des spermatozoïdes viables trois mois après une vasectomie.

Haley — Dans le cas de ce couple, que feriez-vous ?

Erickson — Je dirais à cet homme : « Vous connaissez le risque. Que vous ne soyez pas le père. Mais examinons aussi toutes les autres possibilités. » J'en ai déjà mentionné *une,* celle d'un autre homme. Et je poursuis. Je parle de l'éventualité d'un canal déférent auxiliaire, de la restauration du canal ligaturé et de la survie des spermatozoïdes. Enfin, je signale que ceci est vrai pour le côté gauche et pour le côté droit. Donc cela fait trois possibilités de plus. *(Rires.)* C'est vrai. Puis je fais la même chose avec la femme. Et elle va penser : n'est-ce pas extraordinaire d'avoir cette protection et celle-ci et celle-là, et encore ces trois autres. C'est bon d'avoir tant de moyens de défense, et pourquoi pas celui-là ? Si elle se sent coupable, elle me le dira. Vous comprenez ? Mais elle peut défendre son secret. Si elle est innocente, vous verrez le soulagement d'avoir été accusée à tort illuminer son visage. Si elle est coupable, son expression vous dira : « Maintenant je suis bien protégée. Je peux livrer mon pesant secret puisque j'ai tout cela pour me justifier. »

Haley — Même si elle est coupable, en lui donnant ces moyens de défense vous lui mettez dans la tête qu'elle a pu avoir une aventure et être malgré tout enceinte de son mari.

Erickson — C'est vrai. Mais alors vous créez un nouveau problème. Comment va-t-elle regarder cet enfant ? Comme celui de son mari ? Comme celui de son amant ? Parfois, si vous recevez une femme réellement coupable, elle n'arrive pas à prendre son courage à deux mains pour vous avouer son secret. Alors vous discutez dans l'abstrait la question de savoir comment, dans un cas semblable, l'enfant sera considéré. Elle va réfléchir, étudier le problème, et elle pourra franchir la ligne et dire ce qu'elle n'osait pas exprimer jusque-là. Alors elle est confrontée au dilemme de s'adapter à la réalité future.

Haley — Si une femme vous avoue une aventure et vous dit que l'enfant n'est pas de son mari. Que préconisez-vous dans ce cas ?

Erickson — Si une future mariée a eu une liaison, il faut lui dire ceci : « Votre vie sexuelle vous appartient en propre. Personne ne peut la comprendre. Vous pouvez en parler à votre psychiatre ou à un prêtre, si vous êtes catholique. Mais n'en dites jamais rien à votre père, à votre mère, à votre mari, à votre fils ou à votre fille. Car ils sont impliqués émotionnellement et ne peuvent tout simplement pas comprendre. Vous devez en parler à quelqu'un qui *peut comprendre.* »

Haley — Et qui le peut ?

Erickson — Votre psychiatre ou un prêtre si vous êtes catholique. Il y a trop de mariages brisés pour rien. Une jeune fille très sympathique s'est laissé embarquer parce qu'elle ne savait pas comment se défendre. Puis elle épouse un gars qui a séduit une quantité de filles et est sorti avec une foule de putes. Il découvre que sa femme n'est pas vierge et, tout à fait à tort, lui jette cela à la figure pendant toute sa vie. C'était réellement une fille naïve, qui n'avait reçu aucune éducation sexuelle et qui s'est trouvée piégée dans une situation à laquelle elle n'a rien compris. Elle ne savait pas se protéger.

Haley — Pour revenir à mon cas, vous laissez entendre que vous encouragez les femmes à ne pas tout dire à leurs maris.

Erickson — C'est exact. En quoi cela peut-il améliorer la situation ? Vous allez ébranler le couple. Vous risquez de rendre l'enfant malheureux. Vous mettez en péril le mariage. Vous menacez le statut de la femme. Vous créez un danger pour l'enfant, car s'il devient vraiment casse-pied à l'adolescence, son père d'adoption risque de le traiter d'affreux bâtard. Je pense à une famille très heureuse. Trois enfants. Visages carrés, yeux bleus, mentons volontaires. Le père est très fier de ces trois fils qui lui ressemblent beaucoup. Ils sont les enfants d'un autre homme que sa femme a choisi parce qu'il ressemblait à son mari, qu'il avait la même origine ethnique, une ascendance allemande. Son mari l'avait épousée avec une entorse au contrat. Il ne lui a jamais avoué qu'il avait eu une vasectomie. Elle l'a appris par une de ses maîtresses.

Haley — Il suppose maintenant qu'elle n'était pas totale ?

Erickson — C'est cela. Il n'a jamais été faire un examen de sperme et il ne le fera jamais.

Weakland — Pas maintenant.

Erickson — Je ne le lui ai pas interdit. J'ai tout expliqué en détail à lui et à sa femme. Je dois admettre que ma franche, honnête et complète démonstration *(rires)* était chargée de quelques intonations ou inflexions de voix. Il est excessivement fier de ses trois fils. Sa femme, au cours des années, ne s'y est pas trompée, mais elle réagit vraiment comme s'ils étaient les fils de son mari.

Haley — Où a-t-elle pris l'idée de les avoir de cette façon ?

Erickson — Elle est venue me voir et m'a révélé son projet. Tout ce qu'elle attendait, c'étaient des informations pour rendre son plan infaillible. C'est un couple heureux et cet homme a réussi au plan social et professionnel. Ils ont une belle maison. Ses affaires marchent bien et c'est un homme d'affaires très connu.

Haley — Ainsi vous maintenez un secret entre un partenaire et son conjoint ?

Erickson — Pourquoi pas. Je n'ai pas le droit de manger le morceau et d'aller dire à Joe que les enfants d'Anne ne sont pas de lui. Ce serait lui voler tout son bonheur et il est heureux avec ses enfants. Il est trop fier des yeux bleus, du menton volontaire et du visage carré de ses trois fils.

Weakland — Et si vous lui dites que ce ne sont pas ses enfants, ce n'est pas non plus la vérité.

Erickson — Affectivement, ils sont ses enfants. Pas génétiquement.

Weakland — Pas génétiquement. Mais d'après tout ce que je sais de l'éducation des enfants, c'est très largement le temps passé à les élever qui en fait vos enfants.

Erickson — Oui. Et cette femme a cherché avec un très, très grand soin un homme ayant la stature, la constitution, l'ascendance germanique, l'allure générale et le diplôme d'université de son mari — une recherche absolument froide et calculée. Elle voulait des enfants. Elle a épousé — comment l'ai-je appelé ? Jack, Jim ou Joe — avec l'engagement qu'elle aurait au moins deux enfants. Il les lui a promis. Il se sentait très coupable lorsqu'il me l'a raconté.

Haley — Un étrange mariage.

Erickson — Que dire alors de ces cultures où un homme n'épouse pas une femme qui n'a pas fait la preuve de sa fécondité ? Quel est le père de l'enfant ? Celui qu'elle a rencontré dans une garçonnière.

Haley — Si je parle d'étrange mariage, c'est qu'il est fondé au départ sur un marché de dupes. L'homme ne dit pas la vérité à sa femme. Elle se venge en ayant trois enfants et ne lui dit pas non plus la vérité, même si *elle* en a conscience. À mon avis, vous avez là un couple qui part séparé par un énorme fossé et continue à vivre de cette manière.

Erickson — D'accord, mais prenons un exemple. Vous avez deux jeunes enfants et l'un frappe l'autre. Vous savez ce qui va arriver, une bataille rangée pendant toute la journée. Alors vous intervenez et vous dites à Nellie : « Johnny t'a battue et tu as mal. C'est vrai, Johnny ? — Oui, je l'ai battue — Allez-vous vous bagarrer comme ça toute la journée ou est-ce que je laisse Nellie te rendre ce que tu lui as fait et après vous êtes quitte ? » Ainsi vous annulez un tort par un autre tort et c'est fait ouvertement devant les enfants. Maintenant, Joe trompe Anne avec sa vasectomie et la promesse de lui donner au moins deux enfants. Puis Anne découvre par la bande l'existence de cette vasectomie. Elle ne veut pas qu'il apprenne qu'elle est au courant et il garde le secret de sa vasectomie. Mais elle a aussi son secret à propos de la vasectomie.

Weakland — Vous suggérez qu'éventuellement deux duperies peuvent *donner* une réussite.

Erickson — Deux duperies *donnent* une réussite. Ainsi ils partagent une culpabilité secrète à propos de cette vasectomie. Il ignore qu'elle sait. Elle garde son secret. Avec culpabilité, il lui a promis au moins deux enfants. Elle a eu, coupablement, au moins deux enfants. Ils partagent le même secret. On peut trouver cela très sophistiqué mais quelles sont nos réactions ? Tombons-nous amoureux d'une jeune fille pour telle ou telle raison logique ? Mon père et ma mère sont mariés et heureux en ménage depuis 68 ans. Selon mon père, le charme de ma mère tient à ce que le bout de son nez tourne à gauche ; autrement dit, elle a le nez tordu. Pouvez-vous rien imaginer de plus illogique ? *(Rires.)* Mais sur quoi nos comportements émotionnels sont-ils basés ? La logique et la raison pure ? Vous avez affaire à des patients qui vivent avec un comportement illogique et un raisonnement émotionnel tout aussi illogique. Je connais un homme qui raconte ceci : « La première chose qui m'a attiré chez ma femme, dès que je l'ai vue — c'est vraiment étonnant —, c'était une petite bulle de salive au coin de sa bouche. » *(Rires.)* C'est vrai. À ma connaissance, ils sont heureux en ménage depuis au moins vingt ans. Quand il l'a vue la seconde fois, elle avait encore un peu de salive au coin de la bouche. Bon, a-t-il pensé, cette fille m'intrigue, comment fait-elle ? *(Rires.)*

Le couple qui se dispute pour aller au cinéma

Haley — Quand vous recevez un couple avec un certain type de relation sachant que lorsque vous voyez une personne se conduire d'une certaine façon avec vous, vous acceptez ce comportement et vous l'utilisez —, si ce couple a un certain type d'interrelation, allez-vous l'accepter, l'amplifier et l'utiliser également ?

Erickson — C'est le concept de progression géométrique dont je vous ai parlé. Je l'utilise très souvent et, parfois, je demande au mari de manipuler sa femme un millionième pour cent de moins. *(Rires.)* Cela vous ne pouvez vraiment pas le refuser. Puis c'est deux millionièmes pour cent de moins. Vous lui demandez de renoncer à une certaine façon de se conduire avec sa femme et vous faites la même chose avec la femme. Parfois vous les aidez en agissant vous-même de cette façon envers l'autre et en le poussant à se retourner contre vous.

Haley — Vous voulez dire qu'ils agissent d'une certaine manière envers l'autre et que vous les aidez en faisant de même ? Ainsi ils peuvent vous en laisser la responsabilité au lieu de le faire eux-mêmes. Et vous pouvez en changer l'orientation.

Erickson — Le mari et la femme qui sont venus parce qu'ils se disputaient toujours pour le choix des films... Cela se passait toujours ainsi. Le mari disait à sa femme : « Si nous allions au cinéma, cette semaine ? » Elle répondait : « D'accord si on ne se dispute pas. » Il poursuivait : « Bon, tu décides du jour, tu choisis le film et nous y allons. » Et elle de dire : « Bien sûr, je vais choisir la date et le film, mais, d'une façon ou d'une autre, ce ne sera ni ce film, ni ce soir-là. » Il promettait, mais il avait toujours un engagement professionnel, ou il avait oublié un rendez-vous impératif. Elle devait l'admettre et ils allaient voir un autre film.

Alors, qu'ai-je fait ? Je leur ai proposé de choisir un jour et un film et de me le faire savoir. J'ai demandé à la femme de s'en charger. C'était le dernier jour de projection. J'ai arrangé cela à un moment où mon agenda était bourré et où je devais leur donner un rendez-vous le soir. Je savais donc quel film elle voulait voir. Et c'était le dernier soir. J'avais juste un rendez-vous de libre et je l'ai fait savoir au mari. Ils sont arrivés. Elle était furieuse. Le mari a compris tout de suite et m'a dit que je lui avais joué un sale tour. J'ai été d'accord et je lui ai montré mon agenda. C'était le seul soir disponible. Ils avaient demandé un rendez-vous le soir et, pourtant, il considérait cela comme une mauvaise plaisanterie. Quand la femme l'a entendu me dire que je lui avais joué un sale tour, son sourire satisfait a incité le mari à m'attaquer davantage. Alors elle lui a dit : « Tu vois, tu dis au docteur que c'est une mauvaise plaisanterie, mais, à chaque fois, tu me fais la même chose. » Il a répondu : « Oui, c'est vrai, mais le docteur n'a pas pu faire autrement et moi non plus, je ne peux pas faire autrement. » Puis il m'a demandé : « Auriez-vous pu nous donner un rendez-vous la semaine prochaine ? » Et j'ai dit : « Oui, sûrement, mais je n'y ai pas pensé. » *(Rires.)*

Weakland — Vous étiez trop occupé à chercher à leur donner un rendez-vous ce soir-là.

Erickson — Et il a conclu : « Mais vous auriez pu y penser et je pourrais aussi y penser. » Autre démonstration.

Le couple qui repousse à plus tard sa querelle au sujet de la belle-mère

Erickson — Un couple m'arrive en s'engueulant copieusement à propos de l'achat d'une maison. Le mari dit : « Nous allons acheter une maison et ta mère n'y habitera pas avec nous. » La femme réplique : « Nous allons acheter une maison et ma mère *y habitera* avec nous. » Ils m'ont brossé ensemble un très joli portrait de la mère. Elle vit avec eux dans une des ces maisons misérables et délabrées du sud de Phoenix. Il y a un bout de jardin et assez d'eau pour l'arroser[1]. La mère est une vieille dame charmante, toujours tirée à quatre épingles. La fille et le gendre sont diplômés d'un « college ». Ils enseignent tous les deux. La mère a été au lycée, c'est une femme intelligente. Mais elle vit avec ses enfants. La fille est stérile ; ils n'ont donc pas d'enfants. Ils ont eu des disputes épouvantables à propos de la maison. En écoutant leur description de la mère, je me suis fait une opinion. Elle vit à heures fixes. Elle va toujours se coucher à la même heure. J'ai oublié ce qu'elle prend chaque jour pour le petit déjeuner. Ils ne sont pas aussi rigides pour le leur. La mère rend visite à ses amis du voisinage d'une façon absolument régulière. Elle ne va jamais chez certains le dimanche, mais elle va en voir d'autres. Pour certains c'est l'après-midi, jamais le soir. Pour d'autres, uniquement le soir. Cette mère aime la lecture. Elle lit des livres éducatifs une partie de la semaine, des romans les autres jours et uniquement la Bible le dimanche. Le dimanche matin et le dimanche après-midi, à une heure précise, elle prend sa Bible pour la lire. Rien ne peut changer ces habitudes.

Je les ai encouragés à s'occuper d'abord de l'achat de la maison. Ils ont cherché dans tout Phoenix pendant que la mère parlait de déménager avec eux et de la difficulté d'emballer ses affaires. J'ai dit au mari : « Votre femme dit que sa mère viendra avec vous. Vous dites que non. Achetez déjà la maison. Cela suffit comme problème, car même s'il n'y a pas de ségrégation[2] dans cette ville, vous allez voir ce que vous proposeront les agences immobilières. Les prix ont terriblement monté. » Ils ont persévéré et, finalement, ils ont acheté une maison avec une chambre supplémentaire et un bureau qui pourrait servir de petit salon pour leur mère.

1. L'Arizona est un État très chaud et désertique.
2. Ségrégation raciale. Les patients sont de race noire.

Puis, conformément à mes instructions, ils lui ont annoncé qu'ils déménageaient et lui ont demandé si elle voulait de l'aide pour faire ses paquets. Cette femme a un comportement immuable, rigide, ponctuel et déterminé. Quand le moment de déménager est arrivé, elle dit : « Je ne pars pas d'ici. » Sa fille a essayé d'insister, mais la mère a brusquement réalisé qu'elle ne pouvait pas quitter ses amis. Elle n'allait pas laisser son jardin. Elle n'allait pas abandonner la familiarité de cet environnement. Alors la fille et son mari sont revenus me voir et m'ont dit : « Rappelez-vous, vous nous avez suggéré d'attendre d'avoir la maison pour nous disputer et décider si notre mère viendrait ou non vivre avec nous. Vous m'avez dit de me réconcilier avec ma femme. Comment saviez-vous que Mère refuserait de déménager ? » Je le savais. Avec cette organisation rigide d'avoir toujours exactement le même petit déjeuner. Vous ne pouvez pas mettre une femme comme ça dans un univers différent, dans une maison étrangère. Pas si elle rend visite ponctuellement à ses amis du voisinage, certains l'après-midi, d'autres le soir.

Haley — Et donc le jeune couple se disputait pour une affaire qui, de toute façon, n'arriverait jamais à maturité.

Erickson — C'est exact. Ces deux profs m'en ont une reconnaissance éternelle. Ils sont revenus pour me dire : « Vous savez, nous avions toujours de petites mésententes. Nous n'en avons plus. Nous attendons que la question soit vraiment d'actualité. »

Haley — Remettre la dispute à plus tard ?

Erickson — Remettre la dispute à plus tard.

Weakland — Dans ce cas précis, la mère avait laissé entendre qu'elle *voulait* déménager avec eux ?

Erickson — La mère prévoyait de déménager. La fille et le gendre s'attendaient à ce qu'elle déménage. Je savais que la mère n'avait aucune possibilité de comprendre. Elle ne le pouvait pas parce qu'elle était piégée dans son modèle rigide. Et ceci jusqu'au moment où, confrontée aux faits, elle a réalisé qu'elle était incapable d'abandonner sa façon de vivre. La fille n'avait aucun moyen d'apprécier la situation car sa mère est bien éduquée, elle lit des livres et des romans de bon niveau intellectuel. C'est une femme intelligente. C'est vrai. Elle vit toujours au même endroit et elle est heureuse. Le mari n'a rien compris. Ils ne pouvaient pas évaluer la situation. Mais ils ont pu reconnaître qu'ils formaient un couple heureux. Chacun n'a que l'autre, n'ayant pas d'enfants, et ils tentaient l'aventure de leur vie avec ce déménagement — avoir une belle maison dans un meilleur quartier. C'était déjà difficile et ils n'avaient pas besoin de se chamailler en plus. Car comment bien choisir une maison si on est à couteaux tirés ? Ils ne savaient pas que cela marcherait mais ils ont accepté de différer le combat et de laisser l'avenir arranger les choses. Lorsqu'ils me parlaient de la valeur et de l'agrément de leur vie commune dans cette misérable maison, ils ne se rendaient pas compte du portrait qu'ils me dressaient de la mère. Ils étaient trop proche d'elle pour comprendre la rigidité de son fonctionnement.

La femme qui veut empêcher son mari de gaspiller l'argent

Haley — Donc, si vous remarquez un certain type d'interaction et si vous voyez le mari agir de manière répétitive avec sa femme, il vous arrive d'adopter le même comportement envers elle, à titre de démonstration pour eux deux.

Erickson — Oui.

Haley — Dans quels autres cas acceptez-vous ainsi leur façon de faire ? Je veux dire s'ils ont des réactions qui, de toute évidence, se renforcent mutuellement. Il fait une chose, elle en fait une autre qui l'incite à répéter ce qu'il vient de faire, et cela continue indéfiniment.

Erickson — Je pense à un autre couple. Elle n'aimait pas sa manière de l'emmener dîner au restaurant. La note devait se monter au moins à 25 dollars pour chacun. Et il ajoutait un pourboire de 5 à 10 dollars. Alors, elle décide de sortir avec lui après s'être assurée qu'elle pourrait commander tout ce qu'elle voudrait. Elle et moi avions monté le coup. Je demande au mari de la laisser passer l'ordre à son gré pour ce dîner. Elle commande du filet de bœuf — c'était, je crois, 5,75 dollars. Après en avoir mangé la moitié, elle lui dit : « Tu sais, c'est pas très bon, j'aimerais bien quelque chose d'autre. » Elle commande un autre plat à 5 dollars. Puis elle en prend un troisième. Elle fait monter systématiquement la note. Elle donne 15 dollars au serveur. Elle paie elle-même le dîner et donne les 15 dollars de pourboire. Il voit ce gros pourboire et ce gâchis de nourriture car, bien sûr, elle n'a pas terminé le troisième plat. Et ce n'était pas tellement bon et elle en avait marre de ce restaurant. Il est venu me voir pour me le raconter et m'a dit : « Vous savez, c'est aussi bête que ma propre conduite. L'avez-vous poussée à le faire ? » J'ai répondu : « Comprenez-vous mieux votre façon d'agir ? Ne souhaitez-vous pas que je l'y aie poussée ? » *(Rires.)* Oui, il voudrait que je l'aie fait. Cela lui évite de croire qu'elle le met en accusation.

Haley — Et de vous en servir comme exemple ?

Erickson — Et de les obliger à changer d'attitude émotionnelle en disant : « N'espérez-vous pas que je l'y aie poussée ? »

Haley — C'est une façon pour la femme de lui rendre la monnaie de sa pièce.

Erickson — Oui, car il continuera à dilapider son fric jusqu'à ce qu'il le voit faire par quelqu'un d'autre.

Weakland — J'aimerais savoir comment vous avez arrangé un détail. Comment avez-vous fait pour qu'elle paie le dîner ?

Erickson — Je lui ai dit de prendre cela sur ses fonds personnels et de dire à son mari : « Tu m'invites toujours à dîner au restaurant. Et, chaque fois, tu m'offres des repas fabuleux. Ce n'est pas dans nos habitudes, mais, aujourd'hui, je voudrais t'inviter à mon tour. »

Weakland — Seulement une fois ?

Erickson — Seulement une fois. *(Rires.)*

Le mari angoissé quand sa femme quitte la maison

Haley — Ce à quoi nous nous heurtons ici, je crois, c'est de savoir comment mari et femme renforcent mutuellement leurs comportements. J'ai reçu une quantité de femmes anxieuses qui n'osent pas sortir de chez elles. À peu près dans tous les cas, dès que la femme commence à accepter de quitter la maison, le mari est contrarié. C'est visible pendant l'entretien. Je soulève la question d'une sortie de la femme et elle dit : « Je pourrais aller à San Francisco en voiture. » C'est-à-dire à 50 kilomètres d'ici. Le mari intervient : « Oh, ce n'est pas la peine d'aller aussi loin. » Il n'a aucune raison d'empêcher sa femme d'aller à San Francisco. Mais, au premier mouvement, il la retient par les basques.

Erickson — C'est vrai.

Haley — Quelle est votre tactique dans ce cas ?

Erickson — Il ne supporte pas qu'elle parte, n'est-ce pas ?

Haley — C'est ça.

Erickson — Vous dites au mari : « Êtes-vous d'accord pour l'accompagner et conduire la voiture ? »

Haley — Mais, dans ce cas particulier, elle peut sortir si quelqu'un est avec elle. Son problème est de partir seule. Si elle a un chaperon, c'est parfait.

Erickson — C'est très long de s'entraîner à l'idée de voir sa femme aller à tel ou tel endroit. Regardez quels mots j'ai utilisés. Il a depuis longtemps l'angoisse de voir sa femme aller à tel ou tel endroit. C'est bien ça ?

Haley — Oui.

Erickson — Quel est le mot essentiel dans cette phrase ? D'où vient son angoisse ? Quel mot ai-je employé ? Sa femme va *aller* à tel ou tel endroit, vous êtes d'accord ? *Aller* est le mot clé, n'est-ce pas ? Mais alors que se passe-t-il si sa femme doit rentrer de Mesa à Phoenix ? Peu importe comment elle est arrivée là-bas. Elle revient seule de Mesa à Phoenix. Vous prenez le verbe *aller* et vous le transformez en *revenir*. Elle ne part pas de la maison, elle revient à la maison.

Haley — C'est possible, je le vois bien, mais je ne comprends pas comment vous vous y prenez concrètement.

Erickson — Je lui fais reconnaître qu'il ne supporte pas l'idée que sa femme aille de Phoenix à Mesa. Et, discrètement, j'utilise je ne sais combien de fois le verbe aller. En fait je le ligote avec ce mot. Je parle d'« aller » ici, d'« aller » là, « aller », « aller », « aller », « aller. » Et je l'engage, je l'attache, je le conditionne avec cette idée. Ensuite, je discute avec lui d'une excursion qu'il a faite avec sa femme. J'essaie de trouver quelque chose sur ce thème, en particulier sur le retour à la maison en voiture. Ils « revenaient » chez eux et on parle de « revenir », « revenir » et « revenir », toujours sur un ton extrêmement agréable. Vous voyez, je le mets en situation de bien accepter l'idée que sa femme est toujours accompagnée quand elle part. Puis je la fais revenir seule à la maison. Je lui fais suivre exactement le chemin qu'il ont déjà pris ensemble. Mais que fait-il alors, sinon de mettre sa femme dans la voiture ? Ensuite je peux demander comment cela s'est passé : « Voyons, elle *allait* de Mesa à Phoenix, ce jour-là. » Vous comprenez, elle allait de Mesa à Phoenix. Elle *revenait* de Mesa à Phoenix, mais elle *allait* aussi de Mesa à Phoenix.

Haley — Alors vous pensez que cet homme a besoin d'empêcher sa femme de partir et votre solution est de remplacer « aller » par « revenir ».

Erickson — Mais d'abord vous le conditionnez avec le mot « aller ».

4

ENCOURAGER LES RECHUTES, DONNER DES DIRECTIVES

Milton Erickson, Jay Haley et John Weakland

Jay Haley — Autre chose à propos des couples. Vous recevez deux personnes qui répètent un certain modèle d'interaction et s'appliquent à le renforcer. Vous amenez l'un d'entre eux ou les deux à se conduire autrement. Comment les empêchez-vous de revenir à l'ancien modèle ? Comment stabilisez-vous le changement ?

Milton Erickson — Oh, vous devez les encouragez à revenir à l'ancien modèle.

Haley — Pour les mettre à l'épreuve.

Erickson — Et choisir ce qui mérite d'être conservé. *(Rires.)* Que faites-vous alors ? Vous leur apprenez ceci : « N'ayez pas honte de cet affreux modèle d'hier. Au moins une partie vaut la peine d'être sauvegardée. » Pensez à un petit enfant dont on doit jeter le jouet favori. Le jouet est tout abîmé mais l'enfant ne veut pas s'en séparer. Vous en conservez un morceau et, alors, il peut le jeter.

John Weakland — Vous voulez dire, par exemple, garder une oreille du lapin, et cela permet de se débarrasser de tout un bazar avec le reste de ce lapin.

Erickson — C'est ça. Quand votre couple retourne à son ancien modèle, il devra le faire pour conserver un petit élément. Il le marque d'un signe distinctif avant de mettre le tout au rebut. Ils ont expérimenté ce genre de choses toute leur vie. Nous de même.

Haley — En relation avec ce point, vous avez des couples qui ont passé des années à s'ingénier à maintenir un fossé entre eux. Au moment où ils commencent à se rapprocher et où vous obtenez ce changement qui les rapproche, comment les empêchez-vous de paniquer ?

Erickson — Comment les empêchez-vous de quoi ?

Haley — D'être paniqués par cette situation. Car, évidemment, s'ils sont plus proches ou pensent l'être bientôt, c'est assez effrayant.

Erickson — La réaction de panique devant le modèle de vie tout neuf qu'ils sont en train de mettre sur pied.

Haley — Ils commencent à être heureux ensemble.

Erickson — Je leur dis : « Comment vous servez-vous d'un service de table flambant neuf dont vous avez peur de casser un plat ou une assiette ? »

Weakland — Avec grand soin.

Erickson — Avec grand soin *(rires)* parce qu'il a de la valeur. Ils utilisent en tremblant ce service tout neuf et, de cela, ils ont une longue expérience. Voyez votre propre réaction quand vous étrennez une nouvelle paire de lunettes. Vous ne les posez pas comme ça. *(Il les jette par terre.)*

Weakland — Ils conçoivent, sans doute, que le service de table est une chose à manipuler soigneusement, chacun cautionnant l'autre pour son utilisation.

Erickson — J'utilise de préférence une image où il puisse y avoir une perte sans destruction. Bien sûr, vous pouvez casser une tasse ou une soucoupe, vous pouvez ébrécher une assiette, mais vous avez toujours le service.

Haley — Dans le traitement des couples, un point reste obscur pour moi, un point controversé entre les différentes écoles qui travaillent avec des familles. C'est la question de savoir quelle proportion de ce que vous comprenez des interactions d'un couple sera rendu explicite pour les deux partenaires ? Dans votre cas, c'est apparemment très peu.

Erickson — Très, très peu. Vous voyez, la plupart des thérapies sont menées avec l'idée de proposer des solutions thérapeutiques plutôt que de présenter aux patients des façons de vivre heureusement leur réalité du monde. Un exemple, on explique aux enfants que la bonne relation entre frères et sœurs est basée sur le partage. Dans la réalité, il n'en est pas ainsi. Parfois tu es prêt à donner une pomme à ton frère. D'autres fois tu souhaites que ton frère te donne une pomme. Cela ne veut pas dire la même chose. La première formulation est présentée en termes de concepts thérapeutiques de relation fraternelle. Par contre, parfois tu veux obtenir une pomme de ton frère, parfois tu souhaites lui en donner une, vous avez vraiment décrit la relation entre frères. Trop souvent on utilise la terminologie thérapeutique. Le patient vit la situation dans la réalité où *il* est sur *sa* chaise, où il mange *sa* pomme et ainsi de suite.

Haley — En fait, je ne pensais pas tellement au cas où le thérapeute leur propose la solution thérapeutique. Une des théories sous-jacentes aux thérapies avec les couples et les familles est de les réunir et de leur faire exprimer ce qu'ils ressentent l'un envers l'autre. J'imagine que vous ne faites rien de ce genre. Quand vous comprenez comment ils se conduisent l'un envers l'autre, vous ne discutez pas de vos découvertes avec *eux*.

Erickson — J'essaie de l'éviter. Voyez-vous comment vous blessez votre sœur ? Comment vous heurtez la sensibilité de votre frère ? Comment vous avez trompé votre frère ? Comment vous avez dupé votre sœur ?

Haley — Bon. Ce n'est pas dit exactement comme cela. *(Rires.)*

Erickson — Non, je sais, mais j'imite le style.

Weakland — Je suppose que vous pouvez même nous dire l'équivalent que vous utiliseriez au lieu de : « Voyez comment vous traitez votre sœur. »

Erickson — Oui. « Cherchez ce que vous auriez pu donner à votre sœur au lieu de l'escroquer. » Ainsi vous l'accusez d'un double péché : il l'a trompée et il ne lui a rien donné.

Weakland — Mais il aurait pu le faire ?

Erickson — Il aurait pu.

Weakland — Et vous pouvez aussi.

Erickson — Oui, mais il est piégé par ces deux fautes : avoir dupé sa sœur et ne lui avoir rien donné.

Weakland — Mais ici vous détenez la faculté de rédemption.

Erickson — Oui.

La femme frigide qui a épousé un Don Juan

Erickson — Je reçois en ce moment un fort beau couple. Le mari est le fils de parents très intelligents. Elle est fille unique également, de parents très bien, mais son père était atteint d'un ensemble de maladies — polyarthrite et emphysème. Il souffrait énormément et a dû rester alité très souvent quand elle était enfant. C'était le genre d'homme à rester assis pour parler tranquillement et personnellement avec vous. Il cachait sa souffrance. Il était chaleureux, enthousiaste, plein d'intérêt pour sa fille. Il lui a appris la véritable valeur de l'argent : « N'hésite pas à dépenser, mais uniquement pour des choses qui en valent la peine. Quand tu tomberas amoureuse, fais-le sur une base durable et n'hésite pas à prendre un immense plaisir à cet amour. Construis-toi un foyer heureux et mets-y tout ton cœur. Ne néglige rien pour contribuer au bonheur de ta famille. La fatigue fait partie de la vie, la souffrance et les contrariétés aussi. Mais le bonheur reste l'essentiel. » Le type de philosophie profonde qu'un tel père peut enseigner à sa fille. Elle n'a eu aucune éducation sexuelle avant son mariage. Les parents du garçon ont été très indulgents à son égard. Il avait une large expérience du sexe.

Trois mois après leur mariage, la jeune femme a découvert, traînant dans la maison, des adresses et des numéros de téléphone. Il a rougi et ses explications étaient un mensonge patent. Il lui a même proposé d'appeler ces numéros si elle ne le croyait pas, mais son expression montrait qu'il valait mieux s'en abstenir. Pour finir, elle a téléphoné, et ce n'était pas un garage.

Quand elle est tombée enceinte de son premier fils, son mari a prétendu que c'était entièrement de sa faute. Elle a fait remarquer qu'elle portait un diaphragme à sa demande mais qu'il lui avait dit de ne pas se soucier de l'enduire de gelée spermicide : « Et, bon Dieu, pourquoi te faut-il si longtemps ? » Il ne l'a même pas laissé vérifier, comme elle le faisait toujours, si après l'insertion le diaphragme était bien en place. Et après cette nuit-là, il lui a dit : « Bon, tu ne vas pas être enceinte pour une ou deux fois de plus. » Et les deux nuits suivantes, il a insisté pour avoir des rapports sans contraception. Et il continue à dire qu'elle est responsable de la grossesse. S'il n'a aucun bon sens, elle doit en avoir pour deux.

Quand elle était enceinte de trois mois, plusieurs femmes ont commencé à téléphoner en demandant — appelons-le Bobby — avec des roucoulements dans la voix. Il a prétendu ne connaître aucune de ces femmes. Les voix mélodieuses laissaient des numéros de téléphone. Il laissait traîner dans la maison des bouts de papier avec les mêmes numéros. Le jour de la naissance de leur fils, il est sorti toute la nuit. Il en a fait autant le jour où elle est rentrée de l'hôpital. Il lui a acheté une maison de 30 000 dollars. Il lui remet tout ce qu'il gagne et elle doit payer les factures. Évidemment, elle est fautive si son salaire ne couvre pas le montant des factures. Il encourt les dépenses et elle doit payer. Elle est coupable si elle met le compte à découvert. C'est de sa faute s'il n'y a pas assez d'argent au compte.

Vous voyez, il n'y a rien à faire avec ce mec. Elle s'est séparée de lui temporairement et il a pris l'appartement le plus tape-à-l'œil d'un hôtel. Au bout de sept ans de ce régime, elle est devenue complètement frigide. Son mari est au chômage. Elle est aussi sensible à ses avances sexuelles que ce morceau de bois flotté. Pendant six mois, il s'est conduit de façon tout à fait courtoise à son égard, en homme parfaitement prévenant et gentil. Il a réduit ses dépenses, sauf sur un point : il n'arrive pas à comprendre pourquoi il devrait se défaire de cette maison luxueuse, de ce grand jardin et du jardinier qui coûte si cher pour l'entretenir.

Un jour il emmène sa femme et son fils aux courses. Il dit : « Les courses ne m'intéressent pas tellement, mais nous n'avons rien de mieux à faire cet après-midi. » Sa femme répond : « Je n'ai pas envie d'aller aux courses et le fiston est trop jeune. J'aimerais mieux un spectacle ou quelque chose de ce genre. » Lui : « Oui, mais nous n'avons jamais été aux courses et nous pouvons aussi bien y aller. » Elle : « Je n'y prendrai aucun plaisir, c'est barbant. Cela ne m'intéresse même pas d'en voir à la télévision. » « Moi non plus, mais nous n'y sommes jamais allés, alors allons-y. » Ils partent. À l'arrivée, il sort du coffre trois chaises pliantes. Elle le regarde et demande : « Combien ont-elles coûté ? — Oh, je les ai eues en solde à quatre dollars pièce. — Mais pourquoi les as-tu achetées ? — Pour aller aux courses. » Il reste assis vingt minutes, le spectacle l'ennuie et il dit : « Rentrons à la maison. » Elle : « Nous pourrions au moins nous servir de ces chaises pendant toute la durée de la course pour en amortir l'achat. » Lui : « Je vais jeter ces chaises. » Elle : « Nous ne pouvons pas nous le permettre. Y a-t-il un moyen de rapporter ces chaises et de récupérer une partie de l'argent ? » Lui : « Non, je les ai achetées en solde, on ne peut pas les rendre. Que ferions-nous de ces chaises ? Mieux vaut les jeter. » Elle insiste : « Nous ne pouvons pas nous permettre ce genre de dépense. » Il conclut sur le même ton froid et impartial : « Mets-les à la poubelle. » J'en ai discuté avec lui. Il m'a dit : « Oh, c'était seulement 12 dollars. J'ai gagné nettement plus au poker l'autre soir. J'ai récolté 250 dollars. »

J'ai demandé à la femme : « Que voulez-vous faire ? » Elle m'a répondu : « Je suis vraiment très malheureuse. Je vais rester à la maison, regarder mon fils grandir. Cela ne m'enchante guère. J'ai un mouvement de recul quand il se couche près de moi. Il pourrait me toucher fortuitement. » Je lui ai dit : « Que pensez-vous de votre corps ? Vous avez un corps superbe et vous êtes une femme très séduisante. » Elle a répondu : « Oui, je pourrais prendre un amant ; j'ai reçu pas mal de propositions d'amis de mon mari. Je ne peux pas avoir une liaison avec l'un d'eux, ce sont *ses* amis. Cette idée d'avoir un amant est très, très tentante, je le sais, mais dans mon état d'esprit actuel cela me paraît impossible. »

Je les ai vus — j'ai reçu chacun d'eux au moins six fois. Je n'en suis pas plus loin qu'au début. Je n'arrive pas à faire bouger cette fille. Elle m'a dit deux fois : « Je pourrais être tentée de prendre un amant. » On ne peut se méprendre sur le sens du « je pourrais être tentée ». Son mari recommence à laisser traîner — par hasard — des numéros de téléphone. Quand je le lui fais remarquer, il dit : « Non, vous vous trompez. Je l'ai fait, c'est vrai, il y a plusieurs années, mais j'ai complètement cessé. » Je lui dis : « Pourtant, vous continuez. » Lui : « Non, vous êtes dans l'erreur, j'ai arrêté. » Si je tente de dire : « Bon, supposons que je vous donne un numéro, le reconnaîtrez-vous ? » Il va répondre : « Oui, mais je ne vois pas comment vous pouvez savoir que je connais ce numéro. » Si je lui donne un numéro qu'il connaît et s'il ne comprend pas comment j'ai pu l'obtenir, je peux lui demander : « Si je vous montre ce numéro écrit de votre main, que direz-vous ? — C'est impossible et, si vous le faisiez, je devrais en conclure que ma femme a falsifié mon écriture. — Alors la question se pose : Comment votre femme a su quel numéro contrefaire ? » Et il dira : « Je n'arrive pas à comprendre. »

Haley — Je ne vois pas très clairement quel est, selon vous, le problème de ce couple.

Erickson — Je ne sais pas quel est le problème. Cette femme sait parfaitement ce qu'elle veut — bon, elle n'est pas entrée dans la situation thérapeutique. Elle dit qu'elle pourrait être tentée d'avoir une liaison. Elle a eu cette longue histoire avec ce père adoré.

Haley — Qui l'a certainement déçue.

Erickson — Mmmmm, je ne suis pas d'âge à être son père et elle pourrait être tentée sexuellement d'avoir une liaison. Je sais tout cela d'elle. Elle est si passive, si polie, si bien élevée. Mais je n'aboutis à rien. Le mari — comment peut-on aussi bêtement se boucher les yeux ?

Haley — C'est tout un art.

Erickson — C'est un véritable artiste.

Haley — Vous savez, un de nos sujets de réflexion, et vous n'en parlez pas particulièrement, est une sorte d'approche « sullivanienne » selon laquelle un trop grand rapprochement dans un couple provoque une sorte de panique. Alors, les époux se manipulent l'un l'autre de manière à maintenir la distance. Si la femme craint que son mari s'approche trop d'elle sexuellement ou dans un autre domaine, elle va le provoquer de façon à lui donner une excuse valable pour un mouvement de retrait. Le mari fera la même chose de son côté.

Erickson — Et, par conséquent, avec ce type de patients vous prévoyez d'avance qu'elle va provoquer son mari et justifier son retrait. Vous savez qu'il va l'exciter, la séduire et, en même temps, faire une chose qui la poussera à réagir et, grâce à quoi, il aura une raison légitime de faire marche arrière. C'est une superbe forme de manipulation.

Haley — Et lorsqu'ils ont trop peur de ce rapprochement, il laisse traîner des bouts de papier avec des numéros de téléphone.

Erickson — Quand je reçois ce type de patients, j'aide la femme à imaginer la force qui oblige son mari à battre en retraite. Puis j'aide le mari à découvrir ce qui provoque ce mouvement de recul chez sa femme.

Haley — C'est encore une fois accepter et encourager leur manière d'agir.

Erickson — Oui. Mais à partir du moment où je démonte la combine, ils dépendent de moi pour l'imaginer. Et alors je peux modifier la manœuvre.

Weakland — Et pourtant, dans le cas dont vous parliez, vous n'avez pas l'air de maîtriser la situation.

Erickson — C'est que vraiment je ne vois pas la moindre chose à faire.

Haley — Ne pourriez-vous pas suggérer au mari de laisser traîner un numéro de téléphone ?

Erickson — Il n'en tiendrait aucun compte et continuerait à les répandre partout. *(Rires.)* Autant ne rien lui dire.

Haley — C'est un drôle de personnage.

Weakland — N'avez-vous aucun moyen de lui demander de laisser traîner cinquante numéros de téléphone par semaine ?

Erickson — Chaque fois qu'il dépense trop d'argent, il fait une autre chose qui horripile sa femme. Il appelle son père pour lui demander 1 000 dollars. Et il les obtient. Bien sûr, cela sert à régler ses dettes. Pendant ce temps, le couple paie l'hypothèque de la maison. C'est prélevé sur son salaire, mais sa femme considère cela comme une embrouille. Le fait que l'argent de l'hypothèque soit prélevé à la source ne lui donne pas l'impression de payer réellement.

Weakland — Elle n'a pas le sentiment de payer vraiment parce qu'il reçoit les mille dollars de papa pour un tas d'autres dépenses.

Erickson — Oui. Elle pense que ces 12 dollars pour les chaises auraient dû servir pour l'hypothèque et ne pas faire partie du lot de dettes stupides réglées par son beau-père.

Weakland — Bon. Cela nous conduit à un point très spécifique. Dans le cas présent, Milton ne pense pas pouvoir donner des directives à cet homme et cela nous pose une question : que faire avec les gens qui ne suivent pas vos instructions ?

Haley — Oui.

Weakland — Vous rencontrez des gens capables de suivre vos directives et d'autres à qui il est difficile de suggérer ou de faire réaliser quelque chose.

Erickson — La femme, j'en suis presque sûr, serait très, très heureuse d'avoir une liaison avec moi ou suivrait volontiers mon conseil de prendre un amant. Mais cela détruirait toute la relation thérapeutique, que la liaison soit avec moi ou avec quelqu'un d'autre. Quant au mari, il ne fait, tout simplement, rien.

Weakland — À lui, vous ne pouvez pratiquement rien proposer et, à elle, uniquement ce qui serait une erreur thérapeutique.

Erickson — Oui.

Haley — Pourquoi viennent-ils vous voir ?

Erickson — Pourquoi viennent-ils ? Régulièrement le mari pique une colère de petit garçon et défonce un panneau de porte. Ou il attrape un cendrier et l'expédie par la fenêtre. Il prend une chaise, la jette par terre et la casse en morceaux. Puis il dit à sa femme : « Mais tu me refuses toute relation sexuelle. »

Haley — Est-ce la raison qui la fait venir ? Leur avez-vous proposé de venir tous les deux ?

Erickson — Non. Après avoir suivi un de mes séminaires, un de leurs amis qui les connaît bien est allé chez eux. Ils l'aiment beaucoup et ce sont des gens intelligents, aimables, tout à fait charmants. Ce médecin, à la suite de mon séminaire, a pris conscience de la situation et a découvert qu'ils partaient s'installer en Arizona. Il leur a dit : « Voulez-vous renconter le Docteur Erickson ? » C'est ainsi qu'ils sont venus me voir. La femme déclare : « À la maison, c'est démoralisant. On ne fait plus l'amour. Je ne supporte pas qu'il me touche. Je déteste ses crises de rage de petit garçon. Il met tout sur mon dos, il a peut-être raison. Mais, parfois, nous sommes en train de regarder la télévision et, brusquement, il se lève et jette un cendrier par la fenêtre. Nous ne pouvons pas nous permettre cela. Je n'ai rien vu à la télévision qui puisse provoquer cette réaction. Mais, bon sang, il a dû y avoir quelque chose qui l'a poussé à faire ça. » Il a besoin, pense-t-elle, d'une thérapie pour son donjuanisme. Quant à elle, une vie d'abstinence sexuelle ne lui convient ni psychologiquement, ni au plan somatique.

Haley — Vous nous parlez souvent de couples ou de cas de ce genre et vous nous montrez ce que vous faites pour les résoudre. Qu'est-ce qui rend les choses si difficiles pour ces deux-là ?

Erickson — La totale passivité de cette femme qui intellectualise tout. L'abstinence sexuelle est très dure pour une femme jeune et en bonne santé.

Haley — Comment cela n'a-t-il pas abouti à une séparation ou un divorce ?

Erickson — Ils se sont séparés temporairement et il a loué cette suite hors de prix dans un hôtel. Ils ont leur fils. Il est très attaché à ses deux parents.

Weakland — Mais quand il louait cette suite, elle devait s'en occuper ?

Erickson — Bien sûr, elle paie les factures.

Weakland — Pourquoi ?

Erickson — Il lui remet le chèque de son salaire. Elle le porte à la banque. Elle rédige les chèques. Le compte est à son nom. Les factures arrivent à la maison. Elle croit à l'honnêteté vis-à-vis des commerçants.

Weakland — C'est grave d'être aussi convenable.

Erickson — Elle paie les factures mais elle n'avait pas envie de payer cette suite luxueuse.

Weakland — Elle n'avait pas envie d'aller aux courses mais elle y est allée et elle n'a pas aimé le coup des chaises.

Erickson — Elle a arrêté de payer l'hôtel car elle l'a laissé revenir à la maison. Ainsi il ne pouvait plus entretenir d'autres femmes dans cet appartement coûteux. Elle l'a fait, vous voyez.

Haley — Elle ne couche pas avec lui mais elle ne le quitte pas non plus.

Erickson — Mummm hummm. Et elle ne fera rien à ce sujet. Elle a fait le tour de la situation. Le mari est certain que son déni aimable est tout à fait convaincant. Avez-vous déjà vu un petit enfant vous dire un mensonge patent et prétendre qu'il n'a pas mangé de chocolat ? Vous pouvez regarder sa bouche et ses mains. Il ne savait même pas qu'il y avait du chocolat dans la maison.

Weakland — Je me demande si elle a vraiment évalué à fond cette situation. Je veux dire, elle y a réfléchi, mais êtes-vous sûr qu'elle en a vu tous les aspects ?

Erickson — Oh oui. « Quand vous étiez jeune mariée, vous aviez des orgasmes et vous y preniez plaisir. Quel genre d'orgasmes imaginez-vous chez ses maîtresses ? » Ce genre de question, soit vous en faites le tour, soit vous l'évitez délibérément. Vous voyez ? Ou vous refusez d'y penser, ou vous êtes pris d'une curiosité morbide à ce sujet. Sa réponse ? « Oh, il me semble que le type d'orgasme varie selon les femmes. » Le genre de déclaration totalement intellectualisée et dépourvue d'émotion. Est-elle capable d'en plaisanter et d'en rire franchement la première ? Parfaitement.

Weakland — Une proposition : ne pourrait-on pas lui suggérer qu'elle met trop de sentiments dans cette affaire et qu'elle devrait y réfléchir avec plus de logique ?

Erickson — Je lui ai demandé si elle pourrait exprimer complètement son émotion. Aimerait-elle se laisser aller, tremper une douzaine de

Kleenex, puis sécher ses larmes et dire : « Croyez-moi, cela m'a fait du bien de pleurer un bon coup » ?

Weakland — Cette jouissance intellectuelle, tant qu'elle ne change pas, me paraît être l'élément qui vous empêche de trouver une issue. À mon avis, vous la sentez tellement engagée dans cette voie que, si elle ne fait pas marche arrière, la situation est sans espoir. Et, selon vous, cela ne permet pas non plus d'aller plus loin dans d'autres domaines.

Erickson — Je peux la faire rire, plaisanter, verser quelques larmes, mais brusquement ce contrôle rigide reprend le dessus.

Weakland — Mais je propose l'inverse.

Erickson — Quoi ?

Weakland — De renforcer le contrôle.

Erickson — Je l'ai fait.

Weakland — Et qu'est-il arrivé ?

Erickson — Rien. Elle maintient ce contrôle car elle fait autant la sourde oreille que son mari.

Weakland — Si vous la traitiez par l'hypnose, que feriez-vous ?

Erickson — Vous voyez, elle raconte que, deux ou trois fois, elle s'est enivrée avec plaisir et a violé son mari pour leur plus grande satisfaction mutuelle. Elle m'a dit : « J'ai senti remonter mon désir, avec une jouissance complète, et il m'a reprise. Je sais que je peux laisser tomber mes inhibitions. Si je suis légèrement saoule, je suis capable de répondre à sa demande, mais je ne crois pas au mélange sexe-alcool. Ce n'est pas le bon moyen. » Elle a raison. Si c'était un bon sujet pour l'hypnose, je lui ferais faire un très joli rêve, un rêve où elle aurait trop bu. Et, au milieu de ce rêve, je la ferai rêver et prendre un immense plaisir à ne rien faire.

Haley — Prendre plaisir à ne rien faire ?

Erickson — Ne rien faire — que ce soit vraiment un rêve. Je lui laisserais le regret de ne pas avoir profité du rêve. Hélas, je ne peux mettre aucun des deux en transe. C'est de la résistance passive ; je ne parviens pas à être plus malin qu'eux. Je poursuis la thérapie. J'ai dit très ouvertement à cette femme : « Au plan thérapeutique, je n'avance pas avec vous. Souhaitez-vous continuer ? Si vous continuez, je finirai par trouver votre point faible. » Elle m'a répondu : « Vous savez, c'est une bonne raison de continuer. » Aucune angoisse ou inquiétude à l'idée que je pourrais trouver son point faible. Elle a ajouté : « Si mon mari gaspille son fric pour des idioties, pourquoi n'en ferais-je pas autant avec quelqu'un qui fait de son mieux pour arriver à une solution ? »

Weakland — Une supposition dans ce contexte : vous l'assurez que tout marche bien, mais que vous voulez simplement forcer le jeu. Cela ne les mobiliserait pas ?

Erickson — Elle ne me croira pas. Je ne peux pas dénaturer les faits. Ce serait contraire à l'éthique.

Weakland — Et elle verrait que vous ne respectez pas l'éthique.

Erickson — Exactement.

Weakland — Voulez-vous dire que vous ne pouvez pas pousser les choses au point de l'obliger à le reconnaître ?

Erickson — Vous voyez cette froide déclaration sur la possibilité d'être tentée ; par-là, elle testait ma rigueur éthique. Simple notification à mon égard. Cela pouvait jeter à l'eau toute velléité de thérapie.

Haley — Pour inciter vos patients à suivre vos directives, vous leur demandez de faire ce qu'ils faisaient déjà. De ce fait, ils ont envie de le faire puisque d'une certaine façon ils agissent déjà ainsi. Puis vous les piégez dans une phase où ils doivent le faire quelles que soient les circonstances. Et alors vous décidez *quand* ils le feront et non *si* ils le feront, de telle sorte qu'ils se battent sur le *quand* et non sur le *si*.

Erickson — Une de mes patientes a des relations amicales avec Mme Erickson. J'ai oublié quelle était la tâche, mais cette patiente a parlé à ma femme de sa prescription. Betty lui dit alors : « Vous allez le faire ? » La patiente : « Pourquoi pas ? Le docteur Erickson me l'a ordonné. » Betty : « Mais pourquoi feriez-vous une chose aussi stupide, absurde et ridicule ? » La patiente : « Le docteur Erickson me l'a dit, je le fais. Je fais tout ce qu'il me demande quoi que ce puisse être. » Betty : « Mais pourquoi ? » La patiente : « Quand vous êtes au bout du rouleau, vous le faites. »

Weakland — C'est ce que j'aimerais. *(Rires.)*

Erickson — « Vous êtes au bout du rouleau, alors vous le faites. » Je suis sorti de mon bureau et la patiente m'a dit : « Vous savez, Mme Erickson m'a demandé pourquoi j'allais suivre votre prescription et j'ai répondu que vous me l'aviez demandé. » J'ai dit : « C'est vrai, je vous ai demandé de le faire. » Et elle : « Et je vais vraiment le faire. » Puis elle s'est retournée vers ma femme : « Vous voyez comment c'est ? Il dit "je vous l'ai demandé". »

Weakland — Et vous êtes sûr qu'ils le feront.

Erickson — Comment résister à cette formidable attitude d'attente ?

Weakland — C'est une part du truc, Jay : Milton est sûr qu'ils le feront.

La femme dont l'anesthésie disparaît dans la salle d'opération

Erickson — Je dois rendre cet exemple méconnaissable. Cette dame, femme de médecin, doit subir, disons, une opération très douloureuse et son mari peut s'en charger, tout en respectant l'éthique professionnelle, afin d'intervenir d'une manière douce. Elle est un excellent sujet pour l'hypnose et elle peut s'anesthésier autant qu'elle le souhaite ou en a besoin. Son mari est très compétent et expérimenté en matière d'hypnose. L'intervention ne présente pas un caractère d'urgence. Son mari arrive à la mettre dans une superbe transe et à provoquer une parfaite anesthésie, jusqu'au moment où il commence la préparation de cette intervention douloureuse. Alors soit la transe, soit l'anesthésie disparaît. Il ne veut pas qu'elle souffre. Il ne souhaite pas une anesthésie générale ; elle ne le veut pas non plus, mais elle doit subir cette intervention. Si ce n'est pas aujourd'hui, c'est demain, la semaine prochaine ou dans le mois qui vient. Le mari a consulté plusieurs médecins de Phoenix. Tous pensent que ce serait mieux de le faire sous anesthésie hypnotique. Ils provoquent une complète anesthésie jusqu'au moment critique. Ils sont dans une terrible impasse.

Le mari me l'envoie et j'explore l'histoire de cette femme. Je lui dis : « Je ne comprends pas pourquoi vous refusez de coopérer. Pourquoi contrôlez-vous si mal cette situation ? Étiez-vous vierge au moment de votre mariage et pourquoi ? » Elle : « Parce qu'on m'avait totalement conditionnée à rester vierge ». Moi : « N'avez-vous jamais été tentée ? » Elle : « Je ne me le serais pas permis. » Moi : « Êtes-vous pudique ? » Elle : « Assez. » Moi : « Oui, je l'ai remarqué, vous tirez soigneusement votre robe. Comment dormez-vous ? Toute nue ? Avec une chemise de nuit, une nuisette ? Une longue chemise, un pyjama ? » Elle : « Quand je circule dans la maison, je porte un pyjama ; au lit, il m'arrive de ne garder que la veste. Mais je ne vois pas où mène cette discussion. » Moi : « J'ai quelque idée. Vous croyez-vous assez modeste ? » Elle : « Oh, je choisis mes robes avec grand soin. Je n'aime pas les modes excentriques. Je n'aime pas les corsages trop échancrés. J'ai horreur des robes du soir décolletées à l'extrême et de ces minijupes. Je pense qu'une femme doit faire très attention à ce qu'elle montre. » Moi : « Nous sommes seuls dans ce bureau. Comment supporteriez-vous que je vous touche le genou ? » Elle : « Si vous avez une raison sérieuse de le faire, je suis d'accord. » Moi : « Supposons que j'aie une raison valable. » Elle : « D'accord, vous pouvez y aller et me toucher le genou. » Alors je me penche en avant et je pose ma main sur son genou. Comme ça. Elle dit : « Je ne sais pas quelle raison sérieuse vous avez, mais cela n'a pas grand sens. » Moi : « J'ai une raison parfaitement valable. J'ai touché votre genou avec un motif légitime et je vais recommencer, également pour un motif légitime. » Elle :

« Je vous crois sur parole. » Moi : « Cette fois-ci vous trouverez cela encore plus difficile à admettre, je vais toucher votre genou sous votre robe. » Elle : « Le toucher sur ma robe, je peux le comprendre, mais mettre votre main sous ma jupe, je ne vois pas pourquoi. Mais si vous avez une raison valable, je vous crois sur parole. » Et je touche son genou sous sa robe. Je lui dis : « Vous le sentez ? » Elle : « Oui et je n'aime pas ça. » Moi : « Mais vous êtes un bon sujet hypnotique. Pourquoi le sentez-vous ? » Elle : « Je ne sens plus rien. » Moi : « C'est exact, vous pouvez provoquer une anesthésie hypnotique instantanément et très aisément. » Elle : « Je sais maintenant quel motif légitime vous aviez de me toucher le genou sous ma jupe. » Elle ajoute : « Vous voyez, c'est étonnant, j'ai cette anesthésie aux deux jambes. Elle s'étend jusqu'aux hanches, je ne peux simplement pas bouger mon corps. L'anesthésie atteint ma taille et je serais incapable de me lever de cette chaise. N'est-ce pas une réaction pathologique ? » Je poursuis : « Vous êtes en train d'apprendre quelque chose. Je voudrais que l'anesthésie disparaisse. » Elle : « Ça y est, je peux de nouveau sentir votre main sur mon genou. Je peux le bouger. » Et elle en fait l'essai. Je continue : « Bien, je vais retirer ma main. Pouvez-vous provoquer l'anesthésie ? » Elle : « D'accord. » Et instantanément, elle a une anesthésie complète. Vous voyez quel genre de sujet elle peut être ?

Je lui dis : « Vous avez besoin de cette intervention. Elle est douloureuse. Votre mari peut la pratiquer. Vous êtes un bon sujet hypnotique et vous pouvez provoquer une anesthésie. Toute personne qui travaille avec vous est impressionnée par vos capacités. À votre avis, que ferez-vous la prochaine fois dans le bureau de votre mari ? » Elle : « Je sais ce qui va se passer. J'arriverai pleine de bonnes résolutions et, dès qu'il sera prêt à commencer, je perdrai ma faculté d'hypnose et mon anesthésie. » Je lui dis : « Vous êtes une femme très digne, n'est-ce pas ? Une femme aux fortes convictions. Voilà *ce* que *vous* allez faire. Si votre mari n'a pas d'appareil de photo, qu'il s'en procure un. » Elle : « Il en a un. » Moi : « Qui prend des photos en couleurs ? » Elle : « Oui. » Moi : « Très bien. Votre mari va prendre quelques photos que vous n'aimerez pas du tout. Elles seront totalement, terriblement, ridiculement absurdes et impudiques. Incroyables même, mais vous le ferez. Car c'est votre seule alternative. Ou vous vous prêtez à l'intervention, ou vous n'y arrivez pas et je vous demande — avec le plus grand soin et une précision minutieuse — de faire de jolies petites tresses avec les poils de votre pubis. » Elle s'écrie : « Vous n'y pensez pas ! » Moi : « Si, je suis très sérieux. Vous faites ces petites nattes avec vos poils pubiens et votre mari doit en prendre des photos en couleurs, un rouleau entier. Puis vous enlevez le film de l'appareil et vous le détruisez sans le développer. » *(Rires.)* Je conclus : « Appelez-moi demain. »

Elle m'appelle le lendemain et me dit : « Nous avons acheté la pellicule couleur mais nous allons l'utiliser dans un but tout à fait différent. » *(Rires.)* Une femme trop convenable, une certaine force de caractère et une perte incontrôlable de son anesthésie.

Haley — C'est une façon de les punir s'ils n'accomplissent pas une tâche.

Weakland -- Cela s'inscrit dans le contexte de la manière dont vous leur faites suivre une directive. Et je ne sais pas comment vous avez convaincu cette femme de devoir natter ses poils de cette façon et laisser son mari prendre les photos, si elle ne se prêtait pas à l'intervention.

Erickson — Comment pourriez-vous refuser de faire une chose complètement idiote, insensée et ridicule si elle vous est prescrite par un professionnel à l'éthique irréprochable ? Vous ne pouvez simplement pas dire non.

Haley — Vous voulez dire qu'une façon de les amener à accomplir une tâche est de leur demander une chose insensée ?

Erickson — Totalement insensée et complètement hors du contexte, une chose que personne ne songerait à vous demander. *(Rires.)*

Haley — Oui, c'est vrai, pas grand monde.

Erickson — En vérité, personne ne vous demandera de faire quelque chose d'aussi stupide, puis d'en prendre des photos et de détruire la pellicule. Toute l'affaire, voyez-vous, est à ce point idiote et ridicule. Quelqu'un de sensé ne vous le demandera jamais. Et si aucune personne normale ne peut vous le demander, c'est complètement hors de question et donc... *(Rires.)*

Haley — Si quelqu'un de sensé ne peut vous le demander, c'est complètement hors de question ?

Erickson — Pour éviter de se confronter à cette prescription *impossible,* l'alternative est de céder sur une situation *ordinaire.*

Haley — Et cela ressemble à votre manière de guérir un comportement involontaire en le rendant volontaire. Demander à quelqu'un de mouiller son lit.

Erickson — Oui.

Haley — Elle a préféré le maintien de son anesthésie à cette tâche idiote.

Erickson — Exactement.

Haley — Pourquoi mettez-vous le mari dans le coup en l'obligeant à prendre les photos ? Pourquoi ne les prend-elle pas elle-même ?

Erickson — Que dirait son mari ? Quoi ? *(Rires.)*

Haley — Je vois comment ça marche. Je me demande seulement si c'est lié au fait qu'il doit pratiquer sur elle une opération ou une quelconque intervention ?

Erickson — Oui, c'est lié et, voyez-vous, cela colle bien avec la situation de demander au mari un acte parfaitement ridicule pour provoquer un retournement chez sa femme.

Weakland — Je me demande si le fait d'avoir posé votre main sur son genou n'est pas une des raisons qui l'empêche de refuser la tâche. Vous lui montrez très fortement à quel point elle est en votre pouvoir, mais aussi qu'elle peut y échapper par une transe. Je veux dire, peut-être imagine-t-elle que, si elle ne fait pas ces tresses et si son mari ne prend pas les photos, mon Dieu, Milton Erickson va apparaître pour s'en charger. *(Rires.)*

Erickson — Non, car je lui ai dit très simplement : « Évidemment vous pouvez *refuser* de le faire. » Ainsi j'anticipe un possible refus.

Haley — Autrement dit, vous mettez un doute sur le mot « refuser » ?

Erickson — Bien sûr, elle peut refuser. *(Avec une inflection montante sur le mot « refuser ».)*

Weakland — Je parie qu'elle a imaginé : « Qu'arrivera-t-il si je refuse ? »

Erickson — Mais vous voyez combien une prescription à ce point ridicule peut intriguer quelqu'un. Elle vous intrigue aussi, n'est-ce pas ?

Weakland — Ces tresses ont l'air si mignonnes. *(Rires.)*

Erickson — Elle est un bon sujet hypnotique. Elle réagit très bien. Elle est en face d'une situation absurde, ridicule, risible. Quelle est sa réponse ? « Votre idée est tellement bête que je vais vraiment l'accepter. » Pourquoi achetez-vous des cartes stupides ? À cause de leur absurdité.

Weakland — Et c'est une femme très digne ?

Erickson — Toute personne ayant un grand sens de sa dignité doit pouvoir jouer avec l'idée d'une absence totale de dignité. Faire une photo en couleurs d'un manque total de dignité et la détruire avant de la développer. Cela ne supprime pas le fait d'avoir pris la photo. Si son mari n'arrive à rien, laissons-le faire. *(Rires.)* Le choix est entre le rendre impuissant et lui permettre de réussir. Évidemment, je serai le seul à savoir qu'elle a natté ses poils pubiens. Je serai le seul à le savoir. Je n'en parlerai pas à son mari. Me dira-t-elle si elle l'a fait ? Non, elle a pris grand soin de m'appeler le lendemain pour me dire que la pellicule aurait un autre usage.

Haley — Sinon ç'aurait été un secret entre vous et son mari jusqu'à la fin des temps.

Erickson — Exactement. Et elle seule avait le pouvoir de l'empêcher.

Haley — Savez-vous si elle a parlé à son mari de votre suggestion ?

Erickson — Oh oui. Elle lui a raconté avec joie et beaucoup d'amusement — après l'acte médical. Vous voyez, je rends ce cas méconnaissable.

Haley — C'est vraiment merveilleux.

Erickson — D'après elle, il s'est renversé sur sa chaise et s'est écrié : « J'aurais aimé avoir moi-même cette idée. » Et son éclat de rire n'en finissait plus. Le mot « tresses », avec un certain sens, est entré dans le vocabulaire familial. Il signifie toujours une chose drôle, absurde et ridicule.

Une femme victime de son mari paranoïaque

Erickson — Je voudrais vous signaler un point particulier : la façon dont je procède pour m'entretenir avec une famille, un couple ou une mère et son fils. Les gens consultent un psychiatre pour demander une aide, mais aussi pour justifier leurs attitudes, pour sauver la face. C'est pourquoi, dans mon travail avec eux, je fais attention à leur désir de sauver la face et de se justifier. Et je m'attache à leur parler de manière à leur laisser croire que je suis de leur côté. Puis je prends une tangente — acceptable pour eux — qui ébranle la limite de leur attente. Ils doivent admettre que ma digression est juste, parfaitement correcte. Mais ils ne m'attendaient pas là et ils vacillent dans une position inconfortable. Ils veulent une solution sur ce point où ils sont à la limite de l'accord. Et ils sont prêts à accepter tout ce que vous direz, car, à ce moment-là, ils attendent avidement de vous une déclaration décisive.

Ensuite il y a une autre technique pour faire passer vos idées. C'est de dire une chose avec laquelle ils sont obligés d'être d'accord ; d'accord avec vous à contrecœur, sachant que vous dites la vérité. Ils cherchent à l'éviter et, pour finir, vous la leur livrez avec une seconde pichenette qui les contraint à l'accepter.

Je pense à une femme victime d'un mari très paranoïaque. Elle se plaint de ne jamais l'entendre parler de sa séduction alors qu'elle est tout à fait charmante. Il lui dit qu'une quantité de femmes sont plus jolies et ont plus de charme qu'elle. Il est incapable, prétend-il, d'exprimer à sa femme le type de compliment qu'elle désire. J'ai déclaré qu'à titre de démonstration pour lui, je pouvais faire ce genre de compliment de façon volontaire et délibérée. Sa femme, assise ici, écoutant notre conversation, ne pouvait refuser ce compliment. Alors je me suis tourné vers elle et j'ai dit :

« Indiscutablement, il existe beaucoup de femmes plus belles que vous, mais pas pour moi. » Cela laissait entendre qu'il y avait des femmes plus jolies qu'elle, mais, à *mes* yeux, elle était la plus belle femme du monde. Cette femme a un doctorat. Elle est très intelligente. Elle a réfléchi un instant et m'a dit : « Peu importe ce que je ferai de cette déclaration, je suis trop contente de l'avoir entendue. » *(Rires.)*

C'est vrai, vous transmettez une réalité indiscutable, mais vous lui donnez un caractère de relation interpersonnelle qui rehausse son authenticité. Ainsi vous différenciez l'âpre et dure réalité du monde en général de la réalité spécifique du monde de la relation interpersonnelle qui seule compte pour l'individu.

Haley — Votre façon de présenter une idée en deux étapes empêche complètement d'être en désaccord avec la première proposition. Quand vous dites : « Indiscutablement, il y a des femmes plus belles que vous », votre première étape est cet « indiscutablement ». Puis vous continuez avec la seconde proposition et, s'ils n'ont pas rejeté la première, ils seront enclins à accepter la seconde.

Erickson — Oui. Vous présentez la première proposition de manière à leur permettre de l'inspecter sous tous les angles et de constater qu'elle reste valide.

Haley — Et dans cet exemple, j'imagine, vous supposez que, si une femme se plaint de ne pas recevoir assez de compliments de son mari, elle doit difficilement accepter les compliments. Était-ce votre hypothèse ?

Erickson — Ce n'était pas mon hypothèse dans ce cas particulier. Cela tenait uniquement au caractère paranoïaque du mari.

Weakland — Étaient-ils là tous les deux quand vous avez fait cette déclaration ?

Erickson — Oui.

Weakland — C'était donc aussi une sorte de démonstration pour le mari qu'il existe deux formes de réalité ?

Erickson — Ça en faisait partie et sa réponse a été merveilleuse : « J'aurais aimé le formuler de cette façon. » Mais, le lendemain, il était plus paranoïaque que jamais avec sa femme.

Haley — Vous avez tendance à traiter les symptômes comme s'ils concernaient plusieurs personnes et non le seul porteur de symptôme, et en même temps vous les considérez comme vraiment individuels. Autrement dit, vous supposez, pour ce paranoïaque, que sa paranoïa est indépendante de sa femme.

Erickson — Oui.

Haley — Et non qu'elle y a sa part. Le pensez-vous de tous les symptômes ou seulement des symptômes psychotiques ?

Erickson — Cela dépend.

Haley — Laissez-moi le formuler autrement. Pensez-vous qu'un tel homme puisse vivre avec une femme qui n'a pas besoin d'un homme de ce type ?

Erickson — Le système paranoïaque de cet homme est à la dimension du monde. À mon avis, le seul rôle joué par sa femme est de ralentir le développement de son délire hallucinatoire.

Haley — Vous ne pensez pas qu'elle dissimule juste assez pour aiguiser ses soupçons ? Qu'il y a quelque chose de secret qu'il ne parvient pas à éclaircir ? On rencontre cela très souvent chez les paranoïaques soupçonneux. Leur réaction est exagérée mais elle a quelque fondement.

Erickson — Cet homme a quitté son père et sa mère. Il ne pouvait plus vivre avec eux à cause des doutes, des craintes et des soupçons qu'il nourrissait à leur égard. Puis, dans un cocktail, il a aperçu une fille séduisante et il a demandé son nom. Il a mené une enquête sur *elle*. Toutes ses recherches ont montré que c'était vraiment une gentille fille. Avec un grand soulagement, il a commencé à lui faire la cour. C'est une femme gentille, douce, innocente et franche.

Weakland — J'ai peine à le croire.

*
* *

Haley — Quand vous voyez un couple se disputer, analysez-vous toujours la tactique utilisée par les deux partenaires ?

Erickson — Très, très souvent. Je reçois un couple dans ce bureau, le mari est assis là et la femme ici. Il commence à lui dire qu'elle est une menteuse et elle réplique qu'il est complètement fou. Je fais remarquer à la femme qu'elle pourrait faire le portrait de ce fou de manière beaucoup plus éloquente. Je montre au mari qu'il pourrait parler d'elle en termes beaucoup plus significatifs. Je confesse en même temps ma totale ignorance : « Je ne sais pas si vous voulez aller aussi loin. »

Haley — Leur donnez-vous des exemples de ce qu'ils pourraient dire ?

Erickson — Précisément. Vous avez une belle joute verbale, bien violente, où la description inclut la vulgarité, l'obscénité et tout et tout. Je connais moi-même quelques mots clés qui peuvent enrichir leur formulation outrancière. Alors je peux avouer : « Je ne sais pas si vous voulez dire tout cela de votre femme. » Je ne sais pas. Quel effet cela lui fait-il ? Souhaite-t-il aller jusque-là ? C'est à quoi je veux le faire réfléchir. C'est un choc pour lui de m'entendre dire comment il pourrait améliorer son accusation. En sortant de ma bouche, les mots sonnent différemment.

Weakland — Oui.

Erickson — Puis, bien sûr, je souligne que je ne sais pas s'il veut aller aussi loin dans son accusation. Évidemment je suis là en tiers, je ne comprends pas tout, je le reconnais. Mais il commence à y penser. Je fais la même chose avec la femme. Tous les deux réfléchissent : « Puis-je aller aussi loin dans mes déclarations ? » S'ils réagissent assez vite, je pose la question : « Pendant que nous sommes sur ce sujet, je suppose que, tous les deux, vous ne souhaitez pas tenir compte des éléments positifs. » *(Rires.)* S'ils disent non, ils ne veulent pas négliger les aspects positifs, ils admettent l'*existence* de ces éléments favorables. S'ils disent qu'ils refusent de tenir compte, pour l'instant, de ces éléments favorables, ils admettent...

Haley — Ils sont piégés.

Erickson — ... qu'il *existe* des aspects positifs dont on pourra parler avant la fin du conflit. Je ne leur ai pas dit que ces éléments positifs existent. J'ai seulement posé une question légitime.

Haley — Oui.

Erickson — Mais elle pousse plus loin leur réflexion.

Weakland — Et si, au lieu d'un couple en conflit ouvert, vous avez deux personnes prêtes à éclater mais silencieuses.

Erickson — Vous voulez dire ? *(Il prend un air furieux.)*

Weakland — Oui.

Erickson — Bouche fermée, poings serrés.

Weakland — *(d'un ton pincé) :* « C'est une femme charmante. »

Erickson — Je dis à la femme : « Vous pouvez sûrement lire à livre ouvert dans les pensées de votre mari et savoir quel genre de choses il a dans la tête. Les choses qu'il n'a pas le courage de dire, car je crois que c'est par manque de courage et non par politesse. À mon avis, il est foutrement trop en colère contre vous pour être galant. De même votre femme est trop hors d'elle-même pour être polie et vous pouvez lire aussi dans ses pensées. » Peut-il nier qu'il lit dans ses pensées ? Peut-elle le nier ? Si leurs pensées sont aussi claires et lisibles, autant les exprimer ouvertement puisque, de toute façon, elles sont connues.

Haley — En thérapie de couple, j'imagine que vous ne faites pas venir les conjoints pour les faire parler entre eux en restant en dehors du jeu.

Erickson — Pas très souvent. Une fois de temps en temps.

Haley — Dans ces cas-là pourquoi le faites-vous ?

Erickson — Parfois pour mieux percevoir l'acidité de la relation. *(Rires.)* Comprendre jusqu'où va l'aigreur, voyez-vous.

Haley — Oui.

Erickson — Le point d'amertume.

Weakland — Tu sais, Jay, je comprends une chose. Nous avons tendance à en faire une montagne, mais Milton les fait simplement venir, parle avec chacun séparément, puis il les fait sortir ensemble et interagir. Au lieu de les faire interagir dans la salle de consultation et essayer d'obtenir un changement sur place, vous les envoyez camper ensemble.

Erickson — Oui, ils viennent dans ce bureau pour déballer leur malheur. Je les fais sortir pour reconstruire leur bonheur.

Weakland — Et ils peuvent abandonner le reste ici.

*
* *

Erickson — À certains moments, quand je reçois le mari et la femme ensemble, le mari a réellement le sentiment que sa femme et moi sommes seuls et qu'il est un inconnu, invisible, hors du coup, observant la conversation entre sa femme et *moi.* Je travaille avec elle de cette manière. Ensuite je fais l'inverse et la femme regarde. Je peux être d'accord avec la femme contre son mari et avec le mari contre sa femme. Chacun ressent que je suis d'accord avec *eux.* Mais tout ce que je fais, c'est de substituer l'intensité de mon intérêt à leur désir de me voir d'accord avec eux. Ensuite, je peux aborder le problème de couple.

Weakland — Cela veut dire que votre intérêt pour eux est plus important que le fait d'être d'accord avec eux.

Erickson — Exactement.

Haley — Si vous êtes engagé aussi intensément avec l'un d'entre eux, celui-là n'a-t-il pas l'impression que l'autre est laissé pour compte et ne sera-t-il pas tenté de ramener le problème de couple ?

Erickson — Très, très rarement, car je ne l'autorise pas.

Haley — Bien sûr. *(Rires.)*

Erickson — Je préfère de beaucoup l'avoir assis là en observateur objectif, même s'il n'est pas intentionnellement objectif.

5

SEXE, PLAISIR ET IMPUISSANCE

Milton Erickson, Jay Haley et John Weakland

Jay Haley — Nous avons discuté précédemment d'un sujet sur lequel j'aimerais revenir. John parlait d'impuissance et j'ai un cas d'éjaculation précoce. Si l'on se réfère à la croisade destinée à donner du plaisir à la femme, ce sont deux problèmes voisins. Vous proposiez de dire à ces couples qu'un temps viendrait où l'homme aurait une érection à un moment inopportun pour la femme.

Milton Erickson — Oui.

Haley — Et, partant de là, où cela vous conduit-il ?

Erickson — Mais que devient leur plainte d'impuissance s'ils ont une érection à un moment mal choisi pour leur femme ?

Haley — Oh, ce n'est pas une seule fois, c'est à chaque fois ?

Erickson — Pas seulement une fois, de multiples fois. Que devient alors leur revendication d'impuissance ? Cet homme phobique. Qu'advient-il de sa plainte de phobie d'embrasser sa femme, s'il l'embrasse juste au moment où elle se démaquille le soir avant de se coucher ? S'il l'embrasse au moment où elle se met de la crème. S'il l'embrasse quand elle veut prendre une douche avant de s'habiller pour aller à une réception en ville. S'il insiste pour l'embrasser au moment où elle se coupe les ongles des pieds ou quelque chose du genre.

John Weakland — Pourriez-vous juste nous répéter comment vous — vous nous l'avez dit tout à l'heure — comment vous formuliez cela à cet homme. J'aimerais l'entendre de nouveau.

Erickson — Êtes-vous intéressé par mon modèle de pensée ou par ma façon de parler ?

Le cas de l'éjaculation précoce

Haley — Bon. Mais revenons au sujet. Cet homme a une érection à un moment inadéquat et donc il ne peut plus se plaindre d'un problème d'impuissance.

Erickson — Exactement. Et nous pouvons nous réjouir tous les deux de parvenir à la vraie question : « Quelle est cette si grande difficulté, que vous deviez la cacher derrière un faux prétexte d'impuissance ? » Vous amplifiez au maximum le problème. Vous acceptez l'érection. Il doit l'accepter également pour tirer le maximum du problème. Et il vous le livre à nouveau pour recevoir une directive.

Haley — Faites-vous de même avec l'éjaculation précoce ? Qu'il soit capable de maintenir une érection à un moment inopportun pour sa femme ? Quand elle est trop fatiguée ou n'importe quoi d'autre ?

Erickson — J'ai une technique différente pour l'éjaculation précoce. Je fais remarquer à l'homme : « Vous savez, c'est une bonne chose d'avoir des éjaculations précoces car vous *pouvez* vous contenter de vous décharger d'un quart environ de votre réserve de sperme. Cela diminue votre sensibilité, vous devenez moins excitable et alors vous découvrez tout le plaisir des préludes amoureux. »

Haley — Comment se décharge-t-il d'un quart ?

Erickson — Je n'explique jamais ces choses impossibles. *(Rires.)*

Haley — Et il ne vous le demande pas ?

Erickson — Oh non. « Ce serait aussi bien un tiers, vous voyez. »

Haley — C'est ce que vous dites s'il le demande ?

Erickson — « Ce peut être aussi bien un tiers. » Je ne vais pas répondre à une question impossible. Je donne une nouvelle interprétation. Je pense à un cas récent d'éjaculation précoce. Il m'a dit : « Mince, j'ai couché avec une fille. Bien sûr, j'ai eu cette éjaculation précoce. Mais j'ai pensé à ce que vous m'aviez expliqué à propos des éjaculations partielles. Et j'ai compris. J'ai pensé à ce que je perdais en passant à côté des préludes amoureux et je suis parti à la découverte de cette fille. » Et il a conclu : « Évidemment, comme vous me l'aviez dit, j'ai eu une nouvelle érection et un réel plaisir. »

Haley — Je vois, on évacue le premier quart, puis viennent les préludes amoureux et ensuite une autre érection.

Erickson — Exactement.

Haley — Les préludes viennent après le premier quart d'éjaculation.

Erickson — Cette expérience unique m'a bel et bien coûté un patient.

Haley — Comment cela ?

Erickson — Il ne va pas revenir. Il ne s'inquiète plus de son éjaculation précoce.

Haley — C'est pas mal. Je vais essayer ce truc.

Erickson — Oh oui, il y a aussi une autre approche. Pour un de ces cas très persistants d'éjaculation précoce qui prennent une attitude frénétique d'impuissance. Je lui débite mon petit couplet, d'un ton très docte et érudit, sur le fait qu'il y a toujours une malheureuse issue à l'éjaculation précoce. Subitement, de façon imprévisible, souvent après des années — car mon patient m'a dit souffrir d'éjaculation précoce depuis des années —, il y aura un changement soudain. Et pendant le reste de sa vie, quelle que soit la durée du rapport, il ne pourra pas éjaculer sans une prise de conscience spécifique du temps.

Haley — Quelle est cette prise de conscience spécifique du temps ?

Erickson — C'est ceci. Il commence le rapport et s'attend à l'éjaculation, mais elle n'arrive pas et cela l'intrigue et le déconcerte. Il introduit son pénis et se prépare de nouveau à une éjaculation immédiate. Elle ne vient pas et il est surpris, déconcerté, bouleversé. Il commence des mouvements coïtaux actifs et attend encore une éjaculation immédiate car c'est tellement excitant, jouissif et satisfaisant. Et il continue à attendre, attendre, attendre et toujours attendre une éjaculation qui n'arrive pas. Au bout de 15, 20 ou 25 minutes émerge l'idée qu'il a peut-être perdu sa faculté d'éjaculer. Il commence à s'effrayer de cette excitation et du plaisir qu'elle procure. Il est absolument certain que cette intense jouissance devrait... et soudain il réalise : oui, il porte sa montre-bracelet, il s'est mis au lit avec elle à neuf heures du soir et il n'y a aucune possibilité, absolument aucune d'avoir une éjaculation avant 9 h 47 ou 10 heures moins 7, selon l'heure fixée par moi. Voyez-vous, il est obsédé par l'idée d'une éjaculation précoce. Très bien, vous remplacez cela par l'obsession qu'il ne pourra avoir d'éjaculation avant 47 minutes après 9 heures ou 7 minutes avant 10 heures. Peu importe quelle durée vous fixez. Quand le patient a un rapport sexuel, il doit insister pour garder sa montre sur le bras pour surveiller l'heure. *(Rires.)* Et ensuite il vient tout vous raconter. Vous lui dites qu'au bout d'un certain temps — vous ne savez pas combien — il apprendra à reconnaître la durée automatiquement et il n'aura plus besoin de dépendre de sa montre.

Weakland — Vous voulez dire qu'il a reçu la consigne : « Vous saurez quand c'est le moment. »

Erickson — C'est cela. Et vous lui expliquez comment des gens se couchent avec l'obligation de prendre un train à 6 heures du matin. Ils se réveillent parfaitement à l'heure pour le faire.

Haley — Comment faites-vous cela ? Avec le patient éveillé ou sous hypnose.

Erickson — De préférence sous hypnose. Ce peut être une transe légère, une moyenne ou aussi bien une profonde.

Haley — Revenons à la question précédente : que faites-vous après avoir évacué le problème de l'impuissance ?

Weakland — J'aimerais même reculer d'un pas de plus. J'ai saisi ou, au moins, j'ai en partie compris votre raisonnement, mais j'ai mal perçu comment, dans la pratique, vous menez l'affaire quand vous dites : « Vous pouvez vous attendre à ce qui vous inquiétait auparavant. » En réalité, vous dites au patient. « Oui, c'est trop dommage qu'au moment où vous avez de nouveau des érections, elles se produisent toujours de manière inopportune, c'est vraiment trop frustrant. Et votre femme n'y est pas vraiment préparée et elle n'est pas réellement satisfaite. C'est bien triste mais c'est comme ça. »

Erickson — Oui.

Weakland — Et si on lui dit cela, il va recommencer à avoir des érections mal programmées et cela conduit à... Bon, ce n'est pas vraiment le problème.

Erickson — C'est exact. Et, entre-temps, il s'est prouvé qu'il était capable d'érections.

Weakland — En réalité, vous réussissez en lui garantissant que ce sera inopportun pour sa femme.

Erickson — Oui, mais vous le voyez en voie de guérison, il s'approche du but. Maintenant que se passe-t-il quand un homme a une érection ?

Weakland — Je ne comprends pas le sens de votre question.

Erickson — Ne fait-il pas l'expérience du désir ?

Weakland — Oui.

Erickson — Cet aspect n'est pas mentionné. Rien n'en est dit. Et, en cela aussi, il est frustré.

Weakland — Oui.

Erickson — Il l'est pendant ses érections. Il vit cette frustration et il peut trouver un compromis en ayant des érections au moment approprié pour sa femme. Vous reconstruisez *son* désir. Vous le rendez conscient du fait qu'il ne s'agit pas d'une incapacité à maintenir une érection mais de son attitude générale vis-à-vis des relations sexuelles. Et en même temps le désir se reconstitue.

L'étudiant impuissant, subjugué par la beauté de sa femme

Erickson — Un couple ayant vécu une expérience traumatisante peut se trouver dans une impasse. Prenons un exemple. Un de mes étudiants en médecine a épousé une très jolie fille. Pendant leur nuit de noces, il est incapable d'avoir une érection alors qu'il a couché avec toutes les catins de Detroit. Il n'y parvient pas, même par masturbation. Après quinze jours de voyage de noces du même tabac, ils reviennent et sa femme consulte un avocat en vue d'annuler le mariage. Lui vient pleurer sur mon épaule. Je lui suggère d'appeler des amis qui connaissent sa femme, de les prier d'aller chez elle pour la persuader de venir me voir. Une amertume terrible. Je la laisse me raconter toute l'affaire, puis je lui demande si elle a pensé à l'hommage que son mari lui a rendu. Elle ne comprend pas ce que je veux dire. Je fais remarquer qu'il l'a vue complètement nue : « Il a trouvé votre corps tellement superbe qu'il a été accablé. Complètement subjugué. Et vous vous êtes méprise en le croyant impuissant. Il *a été* impuissant parce qu'il a réalisé sa trop faible capacité à rendre hommage à la beauté de votre corps. Mettez-vous dans la pièce à côté et réfléchissez-y. » Je fais rentrer le mari. Il me raconte sa triste histoire. Et je lui dis la même chose. Comment il a rendu hommage à sa femme. Ils ont presque arrêté la voiture pour faire l'amour, pendant leur retour à Detroit. Une façon simple de résoudre le problème, n'est-ce pas ?

Haley — Remarquablement simple. Selon vous, pourquoi cela a-t-il marché ?

Erickson — Parce que, durant sa nuit de noces, toute femme veut être désirée, être la seule, l'unique, l'absolue. Parce que c'est un moment tout à fait capital de sa vie, où, de jeune fille, elle devient femme. Alors j'ai reconstruit ce cadre unique de la façon la plus agréable possible. C'était une situation écrasante et elle en avait la preuve. Il y avait aussi une preuve pour lui car il se sentait assez coupable d'avoir couché avec toutes les catins de Detroit. C'était la preuve qu'il avait trouvé la seule, l'unique qui submergeait son désir. Et vous voyez, cette guérison est irréversible.

Haley — C'est simplement une approche différente d'une situation qui m'est familière. Je veux dire le problème typique de la pute et de la fille sage. Et c'est fréquent, si vous épousez la fille sage, d'être incapable de la baiser parce qu'elle est respectable.

Erickson — Je sais, mais elle veut l'être.

Haley — C'est une façon différente d'en venir à bout.

Erickson — Et que dire du conflit d'une de mes patientes avec son mari ? Elle est tellement amère : « Toute la soirée peut très bien se passer ;

nous sommes mariés depuis un an. Mais dès que nous décidons d'aller nous coucher, à peine entrés dans notre chambre, Joe a une érection. Que je me déshabille très vite ou lentement, il entre au lit avec une érection. C'est pareil tous les soirs. Il se réveille le matin et c'est reparti. Il me met hors de moi, je suis de plus en plus furieuse contre lui. » Moi : « Que souhaitez-vous ? » Elle : « Si, une fois, juste, juste une fois, il pouvait se mettre au lit et être incapable d'érection quelle que soit la façon dont il me regarde et m'admire. Si, une fois seulement, il me laissait éprouver mon pouvoir de femme. Car chaque femme a le droit de provoquer et de faire retomber une érection. »

Haley — C'est un autre point de vue.

Erickson — Elle ne veut pas qu'il ait l'érection de lui-même, elle veut la provoquer chez lui.

Haley — Si l'érection se produit dès qu'il entre dans la chambre, elle n'est qu'une « femme quelconque », elle perd sa spécificité.

Erickson — Elle voulait, juste une fois, ressentir son pouvoir de femme. Alors j'ai juré le secret à son mari et j'ai souligné l'importance capitale de l'affaire. Il s'est masturbé trois fois pendant la nuit. Le matin, son pénis était complètement flasque. Elle a passé un moment absolument merveilleux à se trémousser, à se tortiller et tout et tout, et lui s'interrogeait, se demandait s'il pourrait avoir une érection. Après un certain temps, il y est parvenu. Elle a été ravie de l'obtenir seulement en se tortillant et en se trémoussant, sans même poser les mains sur son pénis, ni embrasser son mari. Il a eu son érection et elle a vraiment découvert l'emprise de la femme.

Haley — Je suppose qu'ils sont heureux depuis.

Erickson — Oui. Ils vont bientôt revenir me voir. Ils m'ont invité à dîner en avril dernier. Bigre, elle a bien mis en place son pouvoir de femme. Je la regardais pendant le dîner, elle l'a bien.

Haley — Nous parlons là de méthodes exceptionnelles.

La femme qui voulait provoquer une érection

Haley — Que faites-vous du gars qui se plaint de ne jamais arriver à contenter sa femme ? Qui affirme avoir pour but dans la vie de satisfaire sa femme ?

Erickson — Si vous voulez savoir... J'ai tendance à me servir d'analogies et ça marche. Vous allez voir quelque chose, un spectacle que vous avez très envie de voir, par exemple le nouveau Walt Disney. Je m'intéresse beaucoup, vraiment beaucoup à ses films d'histoire naturelle. Betty et mes fils également. Je souhaite y aller et profiter du film au maximum. Mais je pesterai contre quiconque me dira : « N'est-ce pas excellent ? N'est-ce pas merveilleux ? » Voulez-vous me faire plaisir ? Laissez-moi seul. Permettez-moi d'en jouir absolument. Comment les autres vont-ils profiter du spectacle s'ils me voient y prendre un plaisir aussi extrême ? Vous allez dans un hôtel ou un restaurant avec bon appétit et vous trouvez là un personnage sans retenue qui s'empiffre à deux mains avec une joie immense. Et vous vous dites : « Je ne pensais pas être affamé à ce point. »

Haley — Dès lors, si vous pouvez faire jouir suffisamment le mari, le problème de la femme disparaîtra de lui-même ?

Erickson — Vous dites cela au mari. Et s'il lui fait l'amour avec un plaisir extrême, qu'arrivera-t-il à sa femme ? C'est pour ces cas de frigidité rebelle où le mari déclare : « J'ai absolument tout essayé pour tenter de faire jouir ma femme. »

Haley — Oui, c'est un problème que nous rencontrons tous les jours.

Erickson — Oui.

Weakland — Il y joue un rôle.

Erickson — « Tu as du plaisir, n'est-ce pas ? » Non elle n'en a pas. Mais si elle découvre que c'est totalement, terriblement jouissif pour *lui* qu'il n'est jamais rassasié d'elle *(en riant),* elle peut penser : « Je dois bien avoir quelque chose. »

Haley — Vous le lui expliquez ? Car c'est difficile de savoir jusqu'à quel point on doit expliquer.

Weakland — On ne voit pas clairement jusqu'où vous procédez par analogie et jusqu'où vous l'explicitez.

Erickson — Ce n'est pas clair, car vous ne pouvez pas laisser votre patient — s'il pouvait démêler cela tout seul, il ne serait pas votre patient — en savoir trop sur ce point, sinon il tentera consciemment et volontairement d'en rajouter. Par conséquent, vous devez tabler sur son inconscient.

Weakland — Et vous devez décider de la manœuvre pour chaque patient. C'est exactement ce que vous nous disiez précédemment.

Erickson — Ne l'oubliez pas, tout bébé de six mois est plus futé que ses parents. N'est-ce pas vrai ?

Weakland — Le plus souvent.

Erickson — Le plus souvent. Je me souviens du temps où Kristina avait trois ans et Stéphanie, sa nièce, ma petite-fille en avait deux. Ma fille était là. Nous, les adultes, étions assis sur le canapé. Le petite Stéphanie, du haut de ses deux ans, arrive, aperçoit la poupée de Kristina, la saisit et regarde fixement Kristina comme pour lui dire : « Tu n'oseras pas me la reprendre. » Kristina prend un air atterré. C'est sa poupée préférée. Elle déteste voir sa poupée dans les bras de cette drôle de petite fille. Ma fille Carol, Betty et moi les observons en nous demandant quelle solution les deux enfants vont trouver. Kristina dit : « S'il te plaît » en tendant la main. Sans succès. Alors, pensivement, elle scrute Stéphanie du regard, lui tourne le dos, va dans sa chambre et revient avec deux tasses en étain et leurs soucoupes. Évidemment, Stéphi observe Kristy qui, assise par terre, lui tourne le dos et commence à racler les tasses et les soucoupes. Stéphanie va voir, Kristy fait un demi-tour et, carrément, l'empêche de regarder. Stéphanie jette la poupée sur le divan et s'avance pour montrer à Kristy qu'elle est capable de lui prendre ses tasses et ses soucoupes. Kristy fait gentiment semblant de se défendre et continue à tenir les jouets pendant que Stéphanie recule. Dès que Stéphanie est assez loin, Kristina prend la poupée, la glisse sous sa robe et, avec un air narquois, va dans la chambre. Elle cache la poupée, revient et essaie mollement de reprendre les tasses. Stéphanie la repousse et Kristy retourne à son jeu. Je me tourne vers Carol et je lui dis : « Quand vas-tu verser des honoraires de guidance infantile à Kristy ? » Oui. Maintenant regardez n'importe quel petit enfant. Je les observe dans les aéroports en train de manipuler leurs parents. Ces enfants dans leurs poussettes font un travail magnifique. C'est fou de voir leur habileté. Vous avez ces petits yeux calculateurs qui se rétrécissent pendant que l'enfant réfléchit : « Et maintenant, voyons comment la vieille va succomber. » *(Rires.)* Puis j'observe la mère, menée par le bout du nez par un petit enfant.

Haley — Un petit enfant serait capable de les diriger. *(Rires.)*

Erickson — Quand vous traitez un patient, gardez en tête que le mode de compréhension de l'inconscient reste global, direct et enfantin.

Haley — Et qu'habituellement vous l'atteignez par l'analogie.

Erickson — C'est, je crois, la meilleure voie.

Le couple rigide qui doit *faire l'amour pour le plaisir*

Erickson — Ce professeur de « college » d'une trentaine d'années a épousé une femme du même âge. Ils se sont rencontrés à un congrès universitaire. Au premier regard, il *a su* qu'il voulait épouser cette fille. Mais comment entrer en contact avec elle ? Dès qu'elle l'a aperçu, elle a compris qu'il était l'homme de sa vie. Mais comment l'aborder ? Alors tous les deux ont mené un combat désespéré pour parvenir à être présentés l'un à l'autre. Ils se sont fréquentés peu de temps. Pendant ce temps de fiançailles, ils ont tous les deux posé une question précise : l'autre voulait-il des enfants ? Chacun le souhaitait énormément. Ils sont tombés d'accord pour faire un enfant pendant leur nuit de noces. Ils étaient du genre guindé et rigide et utilisaient un langage professionnel. Elle voulait savoir s'il était un géniteur d'une saine lignée. Il l'interrogeait sur son instinct maternel. Ils se sont entendus pour donner à leur nuit de noces un but de procréation. Ils étaient d'accord pour une union physique très, très complète, car cela a un sens en médecine psychosomatique. Il fallait une totale participation affective, physique et intellectuelle. Pendant cette nuit de noces, ils ont eu un rapport avec orgasme pour lui et pour elle. Bien sûr, une seule union physique n'aboutit pas toujours à une fécondation. Je reprends simplement leur terminologie. Par conséquent, il faut répéter l'acte. Comme le moment de l'ovulation n'est pas forcément connu, il vaut mieux avoir des unions physiques tous les jours. Puisque les spermatozoïdes ne survivent pas plus de 72 heures et sans doute moins de 48 heures, il était certainement raisonnable d'avoir une union physique quotidienne. Pendant les week-ends, se reposer au lit, se caresser mutuellement, provoquer des réponses psychosomatiques et culminer dans une parfaite union physique. Deux fois par jour les dimanches et fêtes. Ils vont procréer. Oh non, la période menstruelle ne constitue pas un obstacle, ni une pneumonie, ni une jambe cassée, ni rien. Pendant trois ans, ils n'ont pas sauté un jour et tous les deux ont eu des orgasmes.

Au bout de trois ans, ils sont venus me voir complètement effondrés. Ils sont arrivés avec cette histoire pitoyable. Ils disaient : « Le pire, dans notre désir désespéré de procréer, est que nous sommes devenus émotionnellement intolérants l'un envers l'autre. Nos corps fonctionnent normalement mais nous avons perdu toute émotion tendre et nous considérons l'union physique comme une tâche prometteuse et rien d'autre. Bien sûr, nos rapports sont complets et nous avons tous les deux des orgasmes, peut-être en raison d'une vision superstitieuse de la fécondation, car nous pensons qu'ils doivent être complets. Nous avons tous les deux subi des examens. Il n'y a aucune raison pour que nous n'ayons pas d'enfants. Mais nous sommes dans une impasse émotionnelle et nous nous demandons si nous ferons des parents convenables. » Une pareille rigidité, c'est terrible.

Je leur ai demandé ce qu'ils attendaient de moi. Ils m'ont dit : « Vous êtes psychiatre, peut-être pouvez-vous nous aider. » J'ai répondu : « Bon, si vous voulez une thérapie, je *peux* vous aider. Mais ce ne sera pas très agréable car il vous faut un traitement de choc. Ce traitement de choc va littéralement vous projeter dans une autre compréhension du monde. Ce n'est pas un électrochoc ou un coma insulinique, ni un choc au métazol, mais un choc affectif. Tous les deux vous êtes très croyants, très consciencieux et circonspects. Vous êtes très raffinés. Si vous souhaitez une thérapie qui vous vienne en aide, je peux vous la faire, mais ce sera un traitement de choc. Le voulez-vous ? Réfléchissez-y un moment. » Ils sont restés assis, là, se sont regardés, puis se sont tournés vers moi.

Je leur ai dit : « Vous avez eu des rapports physiques régulièrement tous les jours pendant trois ans et deux fois le dimanche et les jours de fête, que vous soyez en forme ou malades, et même pendant vos règles. Mais, bordel, pourquoi n'avez-vous jamais baisé pour le plaisir ? » Vous les auriez vu, raides comme des parapluies, retenant leur respiration. C'était un choc de m'entendre dire « bordel » et « baiser ». Finalement ils ont repris leur souffle et j'ai poursuivi : « Je suis sérieux. Pourquoi ne baisez-vous pas pour le plaisir ? Pensez-y, pourquoi ne baisez-vous jamais pour le plaisir ? » J'ai parlé de la femme en me servant de son prénom et j'ai dit : « Elle a un corps ravissant, elle a des hanches rondes, une poitrine parfaite ; en fait, elle a deux seins, deux jumeaux. Elle a de jolies jambes, elle est vraiment baisable et vous le savez. Et quant à vous — je l'ai appelé par son nom — vous avez hérité d'un membre dont elle peut réduire la taille. Alors pourquoi ne baisez-vous pas pour le plaisir ? Pendant les mois à venir vous feriez mieux de vous y foutre et de prier le ciel et l'enfer qu'elle ne tombe pas enceinte pour interrompre votre baise. Et maintenant, foutez-moi le camp. Revenez dans une semaine ou dans un mois pour me donner de vos nouvelles. Et rappelez-vous bien cela, j'étais parfaitement sérieux dans tout ce que je vous ai dit. »

Je les ai revus un mois plus tard. Ils ne sont pas venus ici. Je suis passé chez eux. Je suis entré et je leur ai demandé à boire. Ils m'ont préparé un whisky-soda. Leur air embarrassé. J'ai fait le tour de la maison, jeté un coup d'œil dans leur chambre et, avec un large sourire, j'ai dit : « Ce verre est délicieux. » J'ai raconté que, passant par-là, j'avais pensé à eux. J'avais soif. Il valait mieux s'asseoir une petite heure pour laisser se dissiper l'effet du whisky. « Comment vont les choses dans votre département ? » Nous avons discuté de son enseignement. J'ai attendu une heure pour dissiper l'effet de l'alcool. Environ trois mois plus tard, ils sont venus me dire qu'elle était enceinte. Comment le corps a-t-il de telles réactions ?

La jeune fille phobique qui montera dans le train à reculons

Erickson — Je pense à — appelons-la Anne — qui était fiancée à un mec de l'armée de l'air. Elle devait l'épouser en décembre. En décembre, le mariage est repoussé à juin. En juin, il est ajourné à décembre. En décembre, il est repoussé à juin. Entre-temps, d'affreuses phobies se développent chez elle. Elle ne peut plus monter dans un autobus. Elle ne veut pas passer devant la gare à cause des trains. Elle ne peut pas approcher d'un aéroport. Monter dans une voiture est horrible. C'est extrêmement gênant.

Accompagnée en voiture par sa mère ou par sa tante, elle est parvenue à venir de Yuma jusqu'ici pour me voir. Elle me raconte qu'elle aime ce garçon du Dakota du Nord. Elle veut l'épouser. Elle me montre ses lettres. Elle a peur, peur, peur, peur, peur. Je demande au garçon de m'écrire pour avoir son point de vue. Il est assez bête pour vouloir se marier avec elle. Je pense qu'elle peut y arriver si elle se débarrasse de ses horribles phobies, mais, je le sais, cela prendra du temps.

Ma première intervention consiste à lui faire quitter la maison de sa mère. Elle peut y revenir pendant les week-ends, mais je la fais déménager. C'est une famille hispanique. La grand-mère lui imposait sa loi, mais j'ai pris les devants. De toute façon je suis plus efficace que la grand-mère. Ensuite, ce problème de voyages. Je lui ai prescrit de fermer les yeux et de *monter à reculons* dans l'autobus. *(Rires.)* Je ne sais pas ce que les autres voyageurs ont pensé de voir cette jolie fille, de type espagnol, montant dans le bus à reculons les yeux fermés. Mais elle était tellement bouleversée qu'elle n'a pas réalisé que cet autobus était un moyen de transport de Yuma à Phoenix. Plus tard, je l'ai fait monter à reculons dans un train. Les injures du conducteur ne l'ont pas affectée parce que l'idée même du train était trop effrayante. Ensuite je l'ai fait voyager sur le siège du fond, en regardant par la vitre arrière de Yuma à Tucson, de là à Phoenix et retour à Yuma.

De plus, elle devient manifestement sourde chaque fois qu'il est question de sexe. Elle pâlit brusquement. Elle ne semble ni vous voir ni vous entendre. Alors je lui demande d'apporter, dans son sac, à la prochaine séance, le short le plus court qu'elle puisse trouver et de me le montrer. Le sortir du sac pour me le montrer. Elle le fait. Alors je lui donne le choix, pour l'entretien suivant, soit d'arriver en l'ayant sur elle, soit de l'enfiler devant moi. *(Rires.)*

Weakland — Choix embarrassant.

Erickson — Elle l'avait en arrivant. Je lui dis : « Maintenant, vous allez m'écouter vous parler de sexe ou, sinon, vous devrez enlever votre short et le remettre devant moi. » Elle m'écoute lui parler de sexualité. Puis je lui dis : « Aujourd'hui, c'est le 1er juillet ; vous avez jusqu'au 17 pour épouser ce garçon. Revenez demain et je vais vous préparer pour ce mariage. Vous devez aller le voir dans le Dakota du Nord. Prenez le train. Vous devez rencontrer ses parents. Vous avez jusqu'au 17 juillet. Revenez demain. »

Le lendemain, je fais venir Betty et je dis : « Maintenant vous devez apprendre à vous déshabiller devant un homme. Commencez à vous déshabiller. » Lentement, de manière presque automatique, elle se déshabille. Elle doit me montrer son sein gauche, son sein droit, le mamelon gauche, le mamelon droit, son nombril, sa zone génitale, ses genoux, ses zones de plaisir. Je lui demande où elle aimerait être embrassée par son mari et de se montrer sous tous les angles. Je la fais se rhabiller lentement. Elle s'habille et je la laisse aller. Elle achète un billet de train pour aller dans le Dakota du Nord et s'arrange avec lui pour célébrer le mariage à Yuma. Elle m'a envoyé un faire-part. Si je l'avais voulu, j'aurais pu être son témoin. Elle m'a annoncé avec joie sa première grossesse. Elle m'a envoyé un faire-part pour la naissance de son premier, puis de son second enfant. Elle m'écrit régulièrement. Après la naissance du second enfant, elle m'a écrit une lettre très charmante pour me remercier de l'avoir aidée au mépris de toutes les conventions sociales.

Et Betty est assise là avec un visage de marbre. Et pourquoi ai-je demandé cela à cette fille ? Parce qu'elle va le faire, j'en suis sûr. À mon avis, c'est vraiment, absolument nécessaire. Si elle ne le fait pas, elle n'ira jamais dans le Dakota du Nord. Elle ne pourra jamais épouser ce garçon ni coucher avec lui. Maintenant, elle dit que la vie conjugale est merveilleuse, j'en suis heureux, et elle a épousé un jeune fermier fortuné. Mais vous devez être certain que votre patient accomplira la tâche. Il doit être sûr que vous estimez cela absolument nécessaire.

Le professeur Arnt de la faculté de médecine du Colorado, où j'étais interne, affirmait très sérieusement que, parfois, la seule manière d'obtenir d'une femme l'amputation d'un sein cancéreux, le seul moyen de le lui faire accepter, est de la dénuder entièrement et de faire avec vos yeux un examen médical complet. Vous la faites marcher, puis vous lui dites : « Je suis tout à fait catégorique, cette amputation du sein est nécessaire. Je suis absolument désolé. » Et vous faites cette déclaration face à sa complète nudité, à son intégrité. Certaines femmes, qui auraient préféré mourir, peuvent ainsi entrer dans la salle d'opération avec confiance et espoir.

Et cette pauvre jeune Espagnole (vous savez comme elles sont pudiques). Je lui ai dit que j'estimais cela indispensable. Je l'ai fait à cause de ces quatre ans d'ajournement du mariage et de ses phobies croissantes. Le médecin référent [1] de Yuma me disait : « Vous devrez probablement l'hospitaliser. » Alors j'ai demandé à ma patiente de lui envoyer un faire-part de son mariage et de la naissance des enfants. Elle est venue à Yuma avec sa famille pour lui rendre visite.

Weakland — Comment expliquez-vous le succès de votre intervention ?

Erickson — C'est une chose que vous n'avez jamais, jamais besoin de faire avec un homme. Simplement jamais. Une fois que c'est fait, toute

1. « Personne adressant une autre personne, un couple ou une famille, à un thérapeute. » *Dictionnaire clinique des thérapies familiales systémiques,* J.-Cl. Benoit, J.-A. Malarewicz et col., Paris, ESF, 1988.

autre intervention est de moindre importance, c'est une chose mineure. Elles découvrent qu'elles peuvent survivre à tout. Vous apprenez à une de ces femmes très inhibées, perpétuellement craintives, qui n'osent même pas dire « zut », à utiliser un langage de marin au long cours. Et à s'en servir vraiment. Ensuite, elles peuvent vous raconter, avec la plus grande simplicité, un tas de peurs, d'angoisses et de conflits qu'elles seraient, sinon, incapables d'exprimer. Cela peut prendre du temps — parfois une heure entière pour leur faire dire quelques petits mots de quatre ou cinq lettres — mais ensuite elles vous raconteront à peu près tout. Leurs secrets les plus intimes.

La femme sur le compte de qui son mari dit des choses horribles

Erickson — Je pense à une patiente, venue en consultation, qui me dit : « J'aimerais vous dire quelque chose. » C'est le thème principal de la première heure d'entretien. La même chose se produit pendant la deuxième heure : « Je voudrais vraiment vous dire quelque chose. » Alors, au début de la troisième heure, je lui dis : « Acceptez-vous maintenant que *je* reprenne l'initiative ? Je vous demande — et je tourne la pendule vers elle — de rester vingt minutes en silence, à ruminer dans votre tête la pire histoire que vous pourriez me raconter. La pire. Vous n'avez pas besoin de me la dire. Mais pensez à la pire horreur qu'il serait possible d'exprimer. Vous avez vingt minutes pour cela. Vous n'aurez jamais besoin de le dire tout haut. » J'observe son visage et, à la fin des vingt minutes, je lui dis : « Maintenant vous avez réfléchi. Quelle chose affreuse *votre mari* a-t-il dite à votre sujet, que vous êtes incapable de me répéter ? » Et elle me raconte tout : « Nous étions au restaurant, vous connaissez l'autre couple — elle me dit leur nom. Mon mari parlait à cet ami et le restaurant était bondé. D'autres personnes nous connaissaient. Mon mari parle toujours très fort et il a dit au mari de mon amie : “Ma femme est une nana au cul de glace”. Et l'autre lui a répondu : “La mienne aussi est une nana au cul gelé.” » C'est la pire insulte qu'elle puisse entendre de la bouche de son mari. Après nous n'avons plus eu aucune difficulté. Elle peut me dire tout et n'importe quoi. Le mari plaisantait probablement. *(Rires.)* Mais, vous voyez, vous le mettez en place de cette façon et vous changez toute l'organisation du truc — la pire horreur que *vous* pourriez dire, la plus grande insulte que *votre mari* a dite à votre sujet. Elle est outrée d'avoir été décrite en ces termes. Son mari a grand besoin d'une thérapie. Les deux maris, en fait, car je les connais tous les deux.

Haley — Vous transformez souvent le contexte. Vous partez d'un contexte clairement défini et vous les amenez à s'en débarrasser.

Erickson — Tout à fait.

Weakland — Et à abandonner leur résistance.

Haley — Oui.

Erickson — Mais comment s'y prend un bon boxeur ? Il fait toujours croire au gars d'en face : « Il va me cogner sur le nez. » Et il envoie un direct sur le corps. Alors l'autre commence à défendre son corps et il reçoit un gnon dans l'œil. C'est comme ça. En thérapie, les patients vont vous offrir toutes sortes de résistances. Donc vous leur suggérez de placer la résistance à un certain endroit. Là où c'est accessible, là où il y est enclin, là où c'est utile. Et vous, vous vous déplacez. Il est venu pour vous demander de l'aide et vous arrivez à tromper sa vigilance par ce changement de contexte. Je n'essaie jamais d'obtenir une belle histoire bien ordonnée. Je préfère un récit fragmentaire. Vous recueillez ainsi beaucoup, beaucoup plus d'informations. Le patient arrive avec un paquet tout prêt car il a vu d'autres médecins qui attendaient une histoire bien en ordre. Ils sont prêts aussi à garder pour eux un certain nombre de points. C'est dans leur tête. Alors vous passez à autre chose.

Weakland — Ils ont bien organisé leur récit et, si vous les laissez faire, les omissions ne se remarqueront pas trop.

Erickson — Oui. Donc vous abordez un autre point. Vous savez tout de suite où il y a un grand blanc, c'est évident. Et vous parcourez toute la liste. Je pense à une patiente. Je lui ai dit : « Vous avez vécu à New York toute votre vie. Vous avez eu un ami en 1919, le suivant en 1923, le troisième en 1929. Apparemment, vous n'avez pas travaillé de 1923 à 1929 et probablement vous n'habitiez pas New York pendant ce temps. Car je vous ai demandé quand vous avez vécu à New York et à quels moments vous étiez ailleurs. Vous m'avez raconté votre histoire, mais il y a là une longue période de six ans... » Elle : « C'est justement ce dont je ne voulais pas parler. » Moi : « Bon, réfléchissez bien. Quelle est la partie de ces six ans dont vous ne vouliez pas parler. » Je lui donnais une chance de s'en sortir. Elle a tenu bon sur 1927 et m'a raconté le reste. Puis, elle m'a dit : « Au fond, je pourrais aussi vous parler de 1927. »

Haley — Une question que nous n'avons pas du tout abordée : y a-t-il une catégorie de problèmes psychiatriques que vous ne pouvez pas résoudre sans impliquer le conjoint ?

Erickson — Sans impliquer le conjoint ?

Haley — Oui.

Erickson — Il y a un tas de problèmes pour lesquels vous devez travailler avec un patient dont le conjoint ne viendra pas.

Haley — Mais, à votre avis, y a-t-il un problème qui ne puisse être résolu sans faire venir le conjoint ?

Un professeur apprend à éjaculer

Erickson — Eh bien, vous entendez parler de problèmes personnels, purement personnels qui interfèrent avec l'adaptation au conjoint. Je vais vous en donner un exemple. Je reçois la visite d'un professeur d'enseignement supérieur. Pour l'essentiel, il n'avait jamais eu d'orgasme. Il n'avait jamais eu d'éjaculation. Il avait cherché le mot « éjaculation » dans tous les dictionnaires. Il avait interrogé un tas de gens sur la question et il venait chez moi pour savoir pourquoi on utilisait le mot « éjaculer » en rapport avec l'acte sexuel masculin. Je lui ai demandé immédiatement : « Jusqu'à quel âge avez-vous mouillé votre lit ? » Lui : « Jusqu'à 11 ou 12 ans. Je m'en suis guéri, mais ce qui m'inquiète c'est mon problème sexuel. » Moi : « Bon, vous dites ne pas connaître le sens du mot "éjaculer". Vous avez des rapports avec votre femme. Vous avez deux enfants. Votre femme est heureuse, dites-vous. Que faites-vous au lieu d'éjaculer ? » Lui : « Eh bien, vous avez un rapport et, après un temps, juste comme si vous uriniez, le sperme sort de votre pénis. » Tout simplement. Je lui dis : « Vous avez appris dans votre enfance que votre pénis servait uniquement à pisser. Cela vous a ennuyé. Vous en avez eu honte. Alors depuis votre mariage vous utilisez votre pénis pour pisser le sperme dans le vagin de votre femme. » Et il répond : « Ce n'est pas le cas de tous les hommes ? »

Je lui ai prescrit de ne rien dire à sa femme mais de se réserver, tous les jours ou tous les deux jours, une heure pour lui seul, d'aller dans la salle de bains et de se masturber. Reconnaître toutes les sensations de la base jusqu'au gland. Essayer de ne pas pisser le sperme trop vite pour voir jusqu'où la masturbation pouvait l'exciter. Il devait faire attention à la sensation de chaleur, de frottement, de tension, mais ne pas pisser le sperme, éviter cela car si vous laissez partir le sperme, vous perdez physiologiquement la faculté de poursuivre la masturbation. Et passer une heure à cela.

Pour lui, vraiment, c'était de l'enfantillage, c'était absolument fou, etc., mais il l'a fait pendant un mois. Et un jour, à onze heures du soir, il m'appelle et me dit : « Ça y est ! » Moi : « Que voulez-vous dire ? » Lui : « Eh bien, aujourd'hui, au lieu de me masturber je suis allé me coucher avec ma femme, j'ai commencé à être excité sexuellement et *j'ai éjaculé.* » Il ajoute : « J'ai pensé que cela vous ferait plaisir que je vous appelle pour vous le dire. » Moi : « Je suis très heureux que vous ayez eu une éjaculation. » À une heure du matin, il me rappelle. *(Rires.)* Il en a eu une autre.

C'est une thérapie sans participation du conjoint et pourtant ce conjoint est impliqué. Sa femme a voulu savoir pourquoi il m'avait appelé pour me dire qu'il avait eu un rapport avec elle. Alors il me l'a amenée et m'a demandé s'il devait le lui dire. J'ai répondu que ce n'était foutrement pas ses oignons. Par contre, je souhaitais poser quelques questions à sa femme. Je l'ai interrogée : « Votre vie sexuelle est-elle satisfaisante ? » Elle dit : « Oui. » Quelque temps après, elle est venue me voir pour me dire : « Vous m'avez interrogée sur ma vie sexuelle et je vous ai répondu que c'était bien. Pourtant, depuis que mon mari vous a appelé à minuit pour vous dire qu'il faisait l'amour avec moi, nos relations sexuelles sont encore meilleures, mais je ne sais pas pourquoi. »

*
* *

Haley — Donnez-vous au mari des instructions précises sur la façon de s'y prendre avec sa femme ? Je pense à un homme qui se plaint de voir sa femme répondre au téléphone et, si c'est pour lui, de demander qui est à l'appareil. Si la personne ne répond pas, elle raccroche. Il prend cela comme un fait de la vie.

Erickson — Je ne crois pas que je donnerais des instructions au mari. J'en donnerais plutôt à la femme.

Haley — Et de quel type, dans une situation comme celle-là ?

Erickson — Ce serait, par une voie détournée, d'attirer son attention sur l'intégrité fondamentale du moi. Tout individu doit garder certaines choses secrètes par devers lui. Il n'y a aucune raison pour qu'une femme dise à son mari le jour où commencent ses règles. C'est important pour lui mais, en même temps, c'est quelque chose de privé, de personnel. Parmi les contacts extérieurs de chacun, un certain nombre devraient rester secrets. Pourquoi un mari doit-il garder certaines relations secrètes ? Je ne vois pas quelle femme pourrait obliger son mari à ne jamais choisir secrètement son cadeau de Noël, ou son cadeau d'anniversaire. Garder le secret sur le fait que sa belle-sœur achète discrètement un cadeau de Noël ou d'anniversaire très désiré. Ou que la femme du voisin l'a appelé parce que son mari est le responsable d'un comité paroissial et l'a chargé de s'assurer qu'elle sera présente à une certaine réunion à l'église où ils projettent de l'élire présidente du groupe.

À mon avis, il existe des tas et des tas de secrets. Ils sont indispensables à notre intégrité vitale. Nous en avons également vis-à-vis de nous-mêmes. Quel est votre pouce principal et votre pouce dominé ? Êtes-vous droitier ou gaucher du pouce ? Combien d'hommes savent quelle jambe de pantalon ils enfilent en premier ? Combien de femmes savent que certains chemisiers se boutonnent de ce côté et d'autres en sens contraire ? Elles ne le savent pas. Mais cette différence est essentielle dans leur appréciation. Voyez-vous, ce désir d'avoir une connaissance complète et rassurante des choses aboutit à vous donner une connaissance complète mais pas un savoir sécurisant.

L'illustration que j'en ai fournie à plusieurs sociétés médicales est la suivante : vous apercevez une très, très jolie fille, vraiment désirable et vous êtes prêt à l'embrasser. Vous aimeriez la serrer dans vos bras. Puis vous l'observez et vous remarquez ses yeux un peu trop rapprochés, ses oreilles un tantinet décollées. Ce nez a peut-être un millimètre de trop et sa lèvre supérieure est un rien trop mince ou trop courte. Le menton est un peu lourd. Il devient évident que cette fille *n'est pas* baisable. Vous avez tout renversé.

J'étais assis à l'aéroport et j'ai vu arriver la fille la plus quelconque qui soit. C'était incroyable à quel point ce visage était sans charme. Aussi, ai-je pensé, j'ai démoli les visages des plus jolies filles, qu'adviendra-t-il de celle-ci ? Elle a les cheveux bien plantés sur le front. Cette ligne de chevelure mérite d'être remarquée. Elle a une jolie ligne de sourcils. Le regard et l'expression des yeux sont extrêmement charmants, doux et gentils. Elle a des oreilles merveilleusement bien dessinées. Son nez, si on l'isole du reste, est vraiment joli et bien ciselé. Cette lèvre supérieure forme un superbe arc de Cupidon. Au total, elle mérite un baiser.

Vous pouvez donner cet exemple aux gens pour les amener à reconnaître où mène l'excès d'analyse. Vous dites aux femmes : « Votre mari est de l'autre sexe. Il a une autre structure biologique, il est d'une autre essence biologique. Il a eu un autre type d'apprentissage biologique. Puisque votre enfant doit vivre dans un monde d'hommes et de femmes, tâchez de tirer les bénéfices de cet état de fait et ne vous contentez pas de voir, chez votre mari, les fragments et les détails. » Son instinct de domination l'oblige alors à pourvoir à tout et y compris un mari de qualité. Vous lui faites prendre conscience du danger de la fragmentation. Voyez-vous, si vous obtenez d'un patient cancéreux qu'il détaille sa souffrance, vous faites beaucoup pour calmer sa douleur. C'est une technique très efficace.

Weakland — Vous la leur faites disséquer ?

Erickson — Oui, vous disséquez la douleur, sa localisation, si elle est chaude, froide, si elle cisaille, mord, brûle, lacère, poignarde, s'agrippe à vous ou vous harcèle. *(Rires.)* Dès qu'il peut s'arrêter sur chacun de ces attributs, il commence à en voir les divers éléments. Le ressenti de la souffrance dépend de la stimulation de je ne sais combien de fibres nerveuses, chacune véhiculant sans doute une sensation légèrement différente, et la douleur devient une expérience composite. Vous commencez à prêter attention à la douleur qui chauffe ou brûle et vous oubliez la souffrance violente qui donne des frissons. S'il en a l'occasion, chaque patient trouvera une quantité d'adjectifs pour vous peindre sa douleur. J'utilise cette méthode pour enseigner à une femme à observer son mari en respectant son unité biologique et non en cherchant tous ses petits défauts.

Weakland — Quand un patient, reçu individuellement, se débarrasse d'une difficulté et commence à aller mieux, pensez-vous que le conjoint a tendance à se créer un problème ? Et comment faire dans ce cas ? D'après ce que vous venez de dire, je crois que vous prenez cela en compte dès le début, mais continuons sur ce point.

Erickson — Oui. Un autre exemple est celui de l'alcoolique que sa femme ne peut plus asticoter s'il s'arrête de boire. Quand il vient vous voir la première fois avec sa femme, c'est une question à leur poser d'entrée de jeu.

Weakland — Comment formulez-vous cette question ?

Erickson — Je laisse le mari définir la situation : « Je pense que je ne boirais pas si elle cessait de me harceler. » Alors je me tourne vers la femme : « Je ne suis pas sûr que vous l'asticotiez, vous vous contentez probablement d'exprimer votre désappointement de le voir boire autant et cela vous a demandé beaucoup d'énergie dans le passé. S'il fait des progrès, à quoi allez-vous utiliser cette énergie ? » Je la fais réfléchir à cela. Mais lui a maintenant la possibilité de lui dire d'utiliser autrement son énergie et d'observer si elle le fait. Il arrête de boire pour permettre à sa femme d'appliquer sa vitalité à d'autres domaines. Vous devez toujours les lier dans l'interaction mais vous ne le leur dites jamais. Exceptionnellement, ils le découvrent. Mais quand vous l'engagez, elle, à utiliser son temps et son énergie ailleurs, vous l'incitez, lui, à lui fournir l'occasion de le faire.

Weakland — Le définir en terme d'énergie en révèle l'aspect positif et suggère que quelque chose de bon peut en sortir.

Erickson — Oui, et vous faites remarquer ceci : « Chaque matin vous vous éveillez avec votre lot d'énergie quotidien. Vous le consommez pendant la journée. À l'heure du coucher vous êtes fatiguée. Vous avez envie de vous mettre au lit et de refaire le plein d'énergie pour le lendemain. Comment allez-vous employer cette énergie quotidienne ? »

Weakland — Alors, si vous recevez un patient présentant un symptôme grave et qu'il s'améliore, prévoyez-vous de prendre en compte une réaction de la famille ?

Erickson — Habituellement il y *a* une réaction de la famille. Pour les alcooliques, je demande à la femme, à la fille ou au fils : « Quand papa va cesser de boire, à quoi va vous servir le temps que vous passiez jusqu'ici à dépenser votre énergie à souhaiter qu'il arrête, à l'empêcher de boire et à vous acharner à lui dire de s'amender. À quoi allez-vous dépenser cette énergie ? » Un lycéen me dira : « Je vais me remettre à ma géométrie. » Et la femme : « Maintenant j'aurai le temps de travailler pour le comité paroissial. »

Le patient cardiaque dont la femme est déprimée

Haley — Parfois vous rencontrez un type de problème, un symptôme sévère qui sert de protection au conjoint. Par exemple si votre patient a peur de mourir d'une crise cardiaque, il a quelque chance d'avoir une femme dépressive. Plus il se montre le patient, moins les problèmes de sa femme apparaissent. Dès que l'état du mari s'améliore, elle se déprime de nouveau.

Erickson — Qui est le cardiaque ?

Haley — Le mari.

Erickson — Plus il s'avance vers la guérison, plus elle se déprime, car elle n'est plus indispensable comme en période de crise.

Weakland — As-tu bien dit que cette maladie de cœur n'en est pas vraiment une ?

Haley — C'est exact. Ce ne sont pas de vraies crises cardiaques. Elles sont de type hystérique.

Weakland — Ce type a des crises cardiaques deux ou trois fois par semaine, n'est-ce pas ?

Haley — Oui, celui que j'ai en tête — mais cela peut se produire avec d'autes symptômes — est un homme qui craint de mourir d'une crise cardiaque. Il a vu quinze médecins et tous lui ont affirmé qu'il ne risque rien, que son cœur est en parfait état. Et régulièrement, le matin, il dit à sa femme : « Je préfère rester à la maison. Si je vais travailler j'aurai une crise cardiaque. » Immédiatement, elle se met en colère. Ou encore, il se tâte le pouls et cela la rend furieuse. En y regardant de près, la femme semble très déprimée. Après le second entretien, il a commencé à aller mieux et les idées suicidaires de sa femme ont fait surface. Le tableau est à peu près celui-ci : elle se déprime et il ne comprend pas ce qui lui arrive. Il réagit en déclarant que son cœur va mal. Alors elle se met en colère et il a une meilleure perception de son état d'esprit, même si elle est furieuse. Il se sent un peu mieux et ils s'entendent de nouveau. C'est difficile de savoir comment démarre l'affaire cardiaque, mais il semble que plus il met son cœur en avant, plus elle se déprime, et plus elle est déprimée, plus il a besoin des symptômes cardiaques pour savoir ce qu'elle a dans la tête.

Erickson — J'aurais tendance à introduire — comment appeler ça ? — une fureur vengeresse.

Haley — Que voulez-vous dire ?

La femme qui vient à bout de la phobie cardiaque de son mari

Erickson — Je pense à un homme qui contrôle sa femme avec ses menaces régulières de crise cardiaque, de mort, ses plaintes, ses gémissements et tout le tremblement. Selon tous les médecins consultés, son cœur va tout à fait bien. C'est seulement un moyen commode d'empoisonner la vie de sa femme. Je suggère à celle-ci de se procurer des prospectus de toutes les entreprises de pompes funèbres de la ville. Elle va chercher ces prospectus, les éparpille dans toute la maison et lui dit : « Ton cœur *va* mal. » Chaque fois qu'il parle de crise cardiaque, elle doit répondre : « Oh ! Il me faut ramasser ces prospectus sur la table et les mettre bien en ordre. » Et elle examine sa collection de publicités mortuaires. Si, excédé, il les met à la poubelle, elle doit en avoir d'autres en réserve. Il n'a même pas osé en faire mention. Mais, vous voyez, c'est un comportement vengeur : « Tu me fais souffrir, tu m'horripiles et tu le fais délibérément. Ce qui est bon pour l'un est bon pour l'autre. » Pour varier, elle sort ses polices d'assurance-vie. Elle se procure un prospectus de concession perpétuelle et ainsi de suite. Elle peut lui dire : « Tu as besoin de prendre l'air, allons faire un tour dans tel ou tel cimetière. » Elle doit bien prendre sa revanche jusqu'à ce qu'il se décide à arrêter. Elle prend le téléphone en présence de son mari et appelle l'entrepreneur pour lui dire : « Je suis navrée de vous déranger encore, mais pourrez-vous vraiment terminer les travaux avant la mort de mon mari ? » Cela l'a mis hors de lui. Il a saisi l'appareil pour dire : « C'est une erreur. » Il était furieux contre moi d'avoir donné ces directives à sa femme. Il m'a haï mais il m'a envoyé des clients. Un an et demi plus tard, il m'a appelé pour me demander combien de temps il pouvait passer en vacances en Floride, sans travailler. Je lui ai fait remarquer qu'il est adulte, sa femme et son fils également. Il a assez d'argent pour arrêter complètement de travailler. Qu'il reste en Floride aussi longtemps qu'il y sera heureux et que l'endroit lui plaira.

Weakland — C'est votre façon de donner un avis. Il vous le demande et vous le renvoyez immédiatement à lui-même.

Erickson — Tout à la fois. Vous redéfinissez la situation. Cet homme est décidément en bonne santé.

Le mari qui passe douze ans à réparer sa voiture

Erickson — Je pense à un couple. Le mari prétend que sa femme file un mauvais coton. C'est possible, dit-elle, mais un certain nombre de choses lui font penser le contraire et croire plutôt qu'il ne tourne pas rond. Alors je demande qui veut commencer. Elle répond sèchement : « Je crois que mon mari ne va pas bien, il pense que c'est moi ; par conséquent, je vais le laisser parler le premier et il dira un tas d'âneries qu'il aurait la sagesse de garder pour lui si je commençais. »

Le mari a donc commencé. À son avis, sa femme est tellement déraisonnable, si pathologiquement craintive à l'idée de manquer d'argent qu'elle élève des objections à toutes ses distractions. Son plaisir consiste à bricoler sa vieille voiture, nettoyer le moteur, changer les pneus, faire la vidange, régler l'allumage. C'est sa joie du week-end, mais sa femme désapprouve cette façon de passer le temps. Et je vois cette femme, assise ici, de plus en plus en colère jusqu'à ce que je pose la question adéquate : « Le bricolage sur la *vieille* voiture, cela signifie que vous avez deux voitures. Car vous les différenciez. L'une est la vieille voiture. » J'ajoute : « Quel âge a la « vieille » voiture ? » (Nous sommes en 1960.) Lui : « Oh, je l'ai achetée en 1948. » Moi : « Très bien, vous passez vos week-ends à la réparer. Pendant combien de week-ends l'avez-vous conduite ? » Lui : « Elle n'est pas encore en état de marche. » Douze ans. Moi : « Combien avez-vous dépensé en embellissements et en pièces de rechange ? » Lui : « Pas plus de 3 000 $. » Puis je lui demande ce qui, selon lui, rend sa femme hargneuse. Lui : « Elle rouspète parce que je me distrais un peu. » Moi : « Et qu'aimerait-elle comme distraction ? » Lui : « Elle aimerait faire un tour avec la voiture. » Douze ans à réparer une seule voiture.

Weakland — Et à lui laisser miroiter indéfiniment l'espoir d'une promenade.

Erickson — Oui. Je lui ai demandé si le temps passé sur cette voiture n'était pas excessif ? Il a répondu : « Non. » J'ai revu sa femme et elle m'a dit : « Au fond, mon mari pourvoit bien à mes besoins. Il gaspille beaucoup d'argent avec cette voiture, mais il n'est pas coureur. Il ne se saoule pas. Il travaille dur. Je n'ai pas beaucoup de plaisir avec lui mais j'ai une belle maison, largement de quoi manger, suffisamment de quoi m'habiller. Je crois que je vais arrêter de me disputer avec lui et laisser ce petit garçon continuer son jeu. Je vais m'occuper de *mes* loisirs personnels comme il s'occupe des *siens*. » Il n'y a rien à faire avec cet homme. Passer douze ans à réparer une seconde voiture et y dépenser 3 000 $! Il y a installé un altimètre. Il n'y en a pas sur la voiture familiale. Mais douze ans à la démonter et à la remonter !

Weakland – On pourrait penser qu'une voiture qui n'est jamais sortie du garage n'aurait besoin d'aucune jauge. Sans parler de l'altimètre.

Erickson – Et sa femme supportant l'idée de ne jamais monter dans cette voiture.

Haley – Savez-vous s'il a jamais fini ses réparations ?

Erickson – Un an plus tard – voyons, c'était en janvier dernier – j'en ai parlé avec elle. Il venait de commander de nouveaux pare-chocs.

6

MÉTAPHORES ET EXPÉRIENCES TRAUMATISANTES

Milton Erickson, Jay Haley et John Weakland

Jay Haley — Nous avons parlé l'autre jour de la façon dont vous vous arrangez pour déclencher une bagarre chez un couple conflictuel qui ne se dispute pas. Vous avez mentionné une ou deux manières de s'y prendre ; nous nous demandions s'il en existe d'autres.

Milton Erickson — Sauf à le leur demander directement.

Haley — Oh, habituellement, dans ce cas, ils en sont incapables. Vous avez un couple qui dit : « Nous n'avons jamais eu de conflit. Mariés depuis 23 ans et jamais une dispute. » Pour eux, un conflit est le genre de chose qui ne doit jamais éclater.

Erickson — Oui.

Haley — De ce fait, tout ce qu'ils reprochent à l'autre n'est jamais exprimé. Ils traversent la vie côte à côte sans réellement se rencontrer parce qu'ils n'ont pas de vraies bagarres.

Erickson — Et ils tendent à former un couple assez terne. Que peut-on faire avec eux ? Leurs gamins sont tout aussi ternes. A moins que, de quelque façon, l'un d'entre eux explose et devienne délinquant. J'ai parfois utilisé l'approche suivante : « D'après vous, si vous étiez une femme *moins* conciliante, si vous étiez un homme *moins* tolérant, sur quel point pourriez-vous être en désaccord avec votre conjoint ? » Je ne vois rien à ajouter à cela.

Haley — Pour le mari qui suivait sa femme dans la maison quand elle faisait le ménage, vous avez suggéré de démarrer la dispute en faisant une chose totalement absurde.

Erickson — Oui.

Haley — Comme de répandre des ordures devant lui. Je pensais qu'il pourrait y avoir d'autres tactiques susceptibles de faire éclater le conflit.

Erickson — Introduire n'importe quoi d'inintelligible — *n'importe quoi* d'incompréhensible. Si vous voulez avoir un conflit avec vos associés, avec vos enfants ou avec votre femme, utilisez la technique d'un comportement incompréhensible. Vous demandez à votre gamin de cirer vos chaussures. Dès qu'il a fini vous les éclaboussez exprès et vous dites bêtement : « Je les ai tachées, n'est-ce pas ? » Cette impression de totale perplexité est un sentiment très désagréable. « Peux-tu me recoudre ce bouton ? » Elle le fait à contrecœur. Dès qu'elle a terminé, vous dites : « C'est solidement cousu, n'est-ce pas ? » Et vous l'arrachez.

Haley — Je vois, c'est à la fois défaire ce qui vient d'être fait et en même temps le rendre incompréhensible.

Erickson — Oui, il y a un côté destructeur, et voilà qui pourrait illustrer ce point. J'entre dans la salle à manger d'un hôtel. Le menu est en français et le garçon veut me montrer sa bonne connaissance de cette langue. Je lui dis simplement : « Je ne comprends pas le français, je ne le parle pas et je suis incapable de le lire. Quel est ce plat ? » Il me déverse un flot de paroles en français. Je répète ma question et j'ai de nouveau le même débit en français. Je pense : « Mon vieux, ce n'est pas ton jour. » Alors je dis : « Pouvez-vous m'apporter un verre d'eau avec de la glace ? — *Oui, oui*[1]. » Puis je demande un peu de cette excellente vinaigrette française. Il me regarde étonné : « *Oui, oui*[1] » et il me l'apporte. Je verse la vinaigrette dans le verre et je lui dis : « Emportez cela. » Il a dit : « Oui, monsieur. » *(Rires.)*» Il n'a parlé qu'anglais le reste du temps. Vous voyez, c'est cela faire éclater le conflit. Et j'y avais tout intérêt.

Haley — Un des problèmes auxquels nous nous heurtons — après avoir remarqué que le conjoint réagit si le patient s'améliore — est d'obtenir la collaboration de ce conjoint à quelque chose qui consolide le progrès. Vous paraissez capable de faire que les maris et les femmes se comportent selon vos plans. Je me souviens, par exemple, un jour où nous étions ici, d'avoir vu un alcoolique dont la femme avait emporté tous les habits parce qu'il avait bu un verre. Nous nous demandons comment vous obtenez des conjoints une si complète coopération.

John Weakland — Ils ne nous semblent pas toujours des gens très coopératifs.

Erickson — Je ne sais pas. Vous demandez aux gens de le faire avec tant de simplicité et de certitude qu'il n'y a pas moyen...

---

1. En français dans le texte.

Haley — Cela rejoint le problème similaire d'obtenir l'exécution d'une tâche par *n'importe quel* patient, n'est-ce pas ?

Erickson — Vous présumez de la réponse. Vous savez qu'ils le feront. Ils sentent que vous en êtes certain et, à ce moment, que peuvent-ils faire d'autre ?

Weakland — Vous vous attendez à ce qu'ils le fassent mais non qu'ils aient envie de le faire ?

Erickson — Oh non !

Weakland — Vous êtes seulement sûr de l'exécution de la tâche.

La patiente réticente à enlever son corsage

Erickson — Ce sera fait. Je pense à une patiente en particulier. Comme elle faisait tout un plat de ses problèmes cardiaques, je lui ai proposé de faire venir Mme Erickson ici, en guise de chaperon, pendant que j'examinerais son cœur. Je demanderais à Mme Erickson de rester très courtoise, de ne pas sourire ou prendre l'air amusé devant sa réticence à enlever son corsage. Et surtout sa réticence à enlever son soutien-gorge, en particulier son idée qu'il n'est pas utile d'ôter les deux côtés du soutien-gorge. Vous voyez la progression ? Parce qu'elle espérait bien argumenter qu'il n'était pas vraiment nécessaire d'enlever le côté droit du soutien-gorge. Ce soutien-gorge est seulement un des préliminaires de la pièce à jouer. Pour entrer dans le jeu, elle doit se défaire des préliminaires.

Weakland — Et vous lui coupez largement l'herbe sous les pieds dès le départ en déclarant que vous prescrirez à votre femme de ne pas en rire.

Erickson — Tout à fait.

Weakland — En la protégeant ainsi vous donnez un caractère assez fabuleux à l'affaire pour qu'elle ne puisse rien objecter.

Erickson — Oui, je la protège. Donc, Betty arrive et s'assied avec un visage de marbre. La patiente dit : « Mme Erickson, allez-vous le laisser m'obliger à ôter mon corsage ? » Je dis : « Elle est là comme chaperon, non pour donner des informations ou faire des commentaires. » C'est comme ça. Elle : « Vous pouvez écouter à travers mon corsage. » Moi : « Mais je ne le ferai pas. Enlevez-le et ôtez votre soutien-gorge. » Elle enlève le chemisier, retient son soutien-gorge, le dégraphe dans le dos et insiste : « Mais je n'ai pas besoin de l'ôter. » Moi : « Je vous ai dit d'enlever votre soutien-gorge pour pouvoir écouter votre cœur. » Elle : « Oui, d'accord. » Moi : « C'est tout ce que je vous demande, n'est-ce pas ? » Je ne vais pas discuter sur le fait de me le présenter ainsi (devant elle). Elle a enlevé ce soutien-gorge pour que j'écoute son cœur. Combien d'autres choses faudra-t-il encore lui faire *enlever ?* Elle a gagné un point, mais j'ai gagné la partie.

Weakland — Oh, je vois.

Erickson — Et je lui ai dit : « La prochaine fois, je vous demanderai probablement de faire des mouvements de gymnastique avec vos bras pendant que j'écouterai votre cœur. » *(Rires.)*

Weakland — J'ai un peu l'impression que, là, vous travaillez sur certains points.

Erickson — Oui, vous voyez, elle est soulagée car je ne lui demande pas de le faire cette fois-ci. Elle est soulagée également que j'aie pu écouter son cœur. Mais elle ne veut pas que je recommence, alors elle progresse. Vous procurez un *soulagement* aux patients quand vous leur donnez l'ordre de faire ce qu'ils ne veulent pas.

Weakland — Nous nous préoccupons de savoir comment vous choisissez de ne voir qu'une seule personne pour travailler sur une situation, alors qu'une autre fois il vous paraît important de rencontrer plus d'un membre du système.

Erickson — En pratique privée, vous devez suivre la voie du patient. Vous essayez toujours de traiter le problème le mieux et le plus complètement possible, mais en sachant que vous n'obtiendrez peut-être aucune coopération. Vous essayez, à travers votre patient, de savoir comment l'autre personne réagit à la maison. L'autre personne va tenter de se renseigner et de savoir ce qui se passe dans la thérapie. Parfois vous alimentez la curiosité de cette autre personne. Vous dites à une femme que vous ne savez pas comment son mari ressent ceci ou cela. Elle peut lui en parler. Le mari va reformuler ce qui lui est dit. Il va commencer à y réfléchir. La fois suivante, elle vous dira comment il a réagi et vous pourrez reconstituer sa réponse. Il apprend alors à reconnaître qu'il pourrait venir et préciser un certain nombre de points. *(Rires.)* Et il insiste auprès de sa femme pour avoir un rendez-vous pour lui.

Haley — Vous dites clairement à sa femme que vous êtes d'accord — pour le cas où ce point serait abordé par la suite.

La vasectomie comme cadeau de mariage

Erickson — J'explique cela très clairement au départ : « Je pense pouvoir faire une thérapie fructueuse avec vous, même si votre mari ne vient pas me voir. Mais il est aussi évident que je serai ravi de le recevoir n'importe quand, s'il le désire. » C'est clair et net et peut être redit. Une femme a été en analyse pendant cinq ans. Trois heures par semaine. Le mari m'amène cette femme en disant : « J'en ai marre et cela me rend malade de payer ces honoraires trois fois par semaine depuis cinq ans. Ma femme va plus mal qu'au moment où elle a commencé. Tout va bien pour *moi.* Tout vient d'elle ; c'est elle la patiente. Donc je ne vous reverrai pas, que ce soit bien entendu. » D'un ton très catégorique.

Je vois sa femme — combien de temps — environ sept heures, je pense. Chaque fois, j'alimente l'entretien d'une déclaration demandant un changement d'attitude du mari sur un point mineur : « Je ne sais pas quelle opinion aura votre mari sur ce point, ce qu'il va croire ou comprendre. » Il lui soutire régulièrement le contenu des séances et elle doit toujours répondre cela.

Après ces sept heures d'entretien, il la prie de prendre un rendez-vous pour *lui.* Il vient et commence : « Vous allez la fermer et je vais vous dire quelle thérapie il faut à ma femme. » Moi : « Vous allez m'expliquer quel type de thérapie ? » Lui : « Oui et bouclez-la. » Moi : « Laissez-moi vous dire encore quelques mots. Vous allez m'expliquer la bonne thérapie et j'en suis ravi. Me permettez-vous de sortir les notes que j'ai sur ce cas et qui tracent les grandes lignes du travail à faire ? » Lui : « Bien sûr, vous pouvez avoir des notes. » Et il décrit exactement ce que *je* voulais lui proposer.

Maintenant, voilà le genre de couple qu'ils forment. Il y a 17 ans, cette jeune fille, mormone, gentille, simple, douce et maternelle, a épousé ce charmant et séduisant Irlandais. Elle a pour ambition une maison pleine de petits mormons. Mais, avant le mariage, il lui a fait comprendre son désir de n'avoir aucun enfant voué à la vie pénible qu'il a connue dans la maison de ses parents. Par conséquent, pendant leurs fiançailles, il va subir une vasectomie. Malgré cette vasectomie, elle l'épouse et, presque immédiatement, il est appelé au service armé outre-mer. Avec une vasectomie, vous ne voulez pas courir de risque. Il écrit à ses parents, leur demandant d'héberger sa femme et de la surveiller. Elle passe trois tristes années chez ses beaux-parents. Elle ne peut même pas aller à l'épicerie du coin de la rue, en plein jour, sans chaperon. Ses beaux-parents n'ont pas approuvé le mariage. Elle passe avec eux trois ans difficiles. Au retour, il l'accuse de toutes les imprudences imaginables. Il lui dit : « Une femme doit servir à un homme, c'est tout. »

Ils sont restés ainsi pendant 17 ans. Ils ont bâti ensemble une entreprise d'un demi-million de dollars. Ils en sont capables. Ils ont travaillé dur, de 6 heures du matin à 10 heures du soir. Tout ce qu'ils ont en commun est cette entreprise d'un demi-million de dollars et cet amer conflit quotidien, les choses déplaisantes qu'il dit d'elle. Pourtant, elle reste avec lui. Tous les dimanches, il la conduit au temple mormon. Il déteste les mormons. Il reste assis dans la voiture près de l'église en attendant qu'elle sorte. Pendant cinq ans, ils ont parlé avec un analyste — il voyait aussi l'analyste régulièrement — de séparation à l'amiable, légale, et de divorce.

J'ai eu un entetien conjoint avec eux. A lui, je dis : « Vous vous asseyez ici et vous n'ouvrez pas la bouche. » A sa femme, je dis : « Et vous vous asseyez là et vous vous taisez. Je vais résumer votre affaire. » Je dis essentiellement ce que je viens de vous relater, mais avec plus de détails, et je conclus : « Maintenant vous êtes venus en thérapie pour une consultation et un avis. Pour moi, cela ne fait pas grande différence que vous continuiez ou non à vous battre tout le reste de votre vie. Personnellement, cela m'est égal que vous décidiez d'une séparation légale, à l'amiable, ou d'un divorce. Rien ne vous oblige à choisir l'un des trois, mais si vous voulez faire une thérapie avec moi, vous allez devoir vous décider pour l'une de ces trois solutions : séparation à l'amiable, séparation légale ou divorce. » Tous deux ont répondu : « C'est ce qu'il aurait fallu nous dire il y a cinq ans. » Moi : « Je vous donne rendez-vous dans une semaine. Vous me direz votre choix et je saurai alors quand je devrai vous revoir. » Au mari, j'ai demandé quelle opinion il avait de lui, ayant épousé une jeune mormone qui voulait des enfants, de lui avoir offert une vasectomie comme bague de fiançailles. À la femme, j'ai demandé ce qu'elle pensait d'elle-même après lui avoir donné une femme frustrée comme cadeau de mariage.

Weakland — Vous répondez à la question que j'allais poser. Il semble que s'il est un drôle de personnage, elle n'est pas en reste.

Erickson — Elle lui rend coup pour coup. Il lui donne une vasectomie comme bague de fiançailles. Elle répond par le cadeau de mariage d'une femme totalement frustrée. Et 17 ans à enfoncer le clou à la maison. J'ai hâte de savoir ce qu'ils me diront mardi prochain.

Haley — Quelle décision vont-ils prendre ? Que pouvez-vous imaginer ?

Erickson — J'en ai exploré avec eux les éléments essentiels. Ils ont un appartement dans l'entreprise et ils ont aussi une résidence tout près de là. J'ai souligné qu'en cas de séparation ou de divorce, tout doit être rigoureux. Un des deux devra vivre à au moins trois ou quatre kilomètres de l'entreprise. L'autre devra rester dans leur appartement de la compagnie pour exercer la surveillance pendant la nuit. Je leur ai fait remarquer, ce dont ils sont conscients, que leur entreprise est souvent l'objet de tentatives d'effraction. Ils le savent bien. Je pense donc que l'homme doit rester dans l'appartement de l'entreprise. Elle, par contre, doit se chercher un appartement à l'extérieur. Et comme le mari aura un appartement de fonction, l'entreprise devra en payer un pour elle. Si, à un moment quelconque, il a besoin de thérapie, qu'il vienne me voir. La même chose pour elle.

L'entreprise paiera pour l'un comme pour l'autre. Et, toutes choses égales par ailleurs, chacun peut recevoir un modeste salaire de l'entreprise.

Haley — Je vois, votre but est d'arriver à une séparation.

Erickson — Oui.

Haley — Puis de recréer une meilleure relation ou de les séparer définitivement ?

Erickson — Je leur ai dit qu'ils doivent se séparer vraiment pendant au moins six mois. Peut-être vont-ils découvrir pendant ce temps un besoin irrésistible de l'autre ou une haine fondée sur une base honnête. Peu m'importe, à condition que ce soient leurs véritables sentiments. Je leur ai expliqué que l'on peut revenir sur une séparation à tout moment. Et, après un divorce, on peut toujours se remarier. Aucune difficulté — un acte de mariage coûte deux dollars.

La femme qui reçoit le conseil de divorcer

Erickson — J'ai poussé un autre couple à aller jusqu'au bout de la procédure de divorce, en étant prêt à parier qu'ils se remarieraient, mais sur des bases différentes. Eux ne le savaient pas quand ils ont divorcé. Ils ne pouvaient pas le découvrir avant d'entamer la procédure. J'ai dit à une patiente : « Votre avocat et vous, vous voulez absolument aller au tribunal pour ce divorce et vous allez vous battre jusqu'au bout. Votre mari va en faire autant. Il a atteint un niveau d'amertume incroyable et il est absolument sans scrupules. Il est à ce point sans scrupules qu'il se fiche pas mal du juge. Je vous conseille de prendre un avocat et de ne pas aller au tribunal, car je ne vois pas comment un magistrat pourrait juger cette affaire. » Et hier — le procès a commencé lundi et s'est poursuivi mardi et mercredi — hier après-midi, le juge a déclaré : « J'interromps la procédure. Parlant au nom de la Cour, je décide que ce cas doit être tranché en dehors du tribunal. Il sera réglé hors du palais ou sinon je devrais rendre un jugement qui sera très mal reçu par les deux parties. » Le mari avait poussé les enchères trop loin, comme je m'y attendais. Je pense savoir ce que le juge va leur dire : « Il y a un million de dollars en jeu. Votre femme en veut la moitié. Elle veut faire immobiliser une partie de vos propriétés au bénéfice de votre fils. À mon avis, la meilleure chose à faire est de faire administrer vos propriétés en fidéicommis pour votre enfant. »

Weakland — Enlever la gestion des mains des deux parents.

Erickson — Car le père soutient qu'il aime son fils, la mère affirme qu'elle l'aime aussi. Le juge a vu là une très grande ouverture. Mais je connais le père. Dieu du ciel, l'avoir ici dans ce bureau et l'entendre tempêter et fulminer. C'est un de ces dentistes commerciaux absolument sans scrupules. Avec un dynamisme terrible. Il travaille dans un cabinet, promettant monts et merveilles à ses clients. Avec la publicité, il est à son cabinet 20 heures par jour. Maintenant, il a un groupe de je ne sais combien d'assistants. Et il s'est montré avisé dans ses placements.

Vous devez dire certaines choses à vos patients, que cela leur plaise ou non, et leur faire comprendre qu'il s'agit d'une opinion médicale. Je méprise ces médecins qui affirment à une patiente atteinte d'un cancer du sein qu'elle a une tumeur probablement bénigne.

Une patiente qui a décidé de divorcer

Erickson — Une de mes patientes a décidé de divorcer. Elle m'amène un ami avocat qui est aussi un ami de son mari et déclare : « Il a quelque chose à vous dire. » L'avocat commence : « Pour quelle raison poussez-vous ma chère amie à divorcer de son époux qui est aussi un de mes bons amis ? » Je réponds : « Pensez à cette affaire en homme de loi et réfléchissez à tous les éléments que vous pourriez, comme avocat, utiliser pour plaider le divorce. Énumérez-les pour moi. » Au bout de 40 minutes, il s'est tourné vers ma patiente et lui a dit : « Venez lundi à mon bureau pour signer les papiers. »

Après son départ, j'ai repris la conversation avec ma patiente : « Allez à ce rendez-vous de lundi. Il va remplir le dossier et vous le faire signer. Puis posez-lui une question et vous saurez quoi dire quand il vous répondra. » Elle a fait tout cela et lui a demandé : « Quand allez-vous déposer cette demande de divorce ? » Lui : « Dans deux jours, peut-être une semaine. » Elle : « Non, aujourd'hui même. » Et il l'a fait.

Elle est revenue chez moi avec lui, plus tard, sans qu'il comprenne pourquoi. Je lui ai dit : « Vous avez rempli le dossier et vous l'avez déposé au tribunal. Quelles dispositions avez-vous prises au sujet des biens de la communauté ? À mon avis, en tant qu'avocat, vous devriez pousser plus loin votre investigation. Ma patiente affirme que son mari a 200 000 dollars de dettes en dépit des confortables bénéfices réalisés dans son restaurant au cours des quatre dernières années. Il s'octroie un large salaire. Ma patiente a hérité de son père un certain capital. Il y a une hypothèque sur la maison. Or elle a fait construire cette maison avec *son* argent. Il y a une lourde hypothèque sur leur maison de vacances dont elle a également financé l'achat. C'est une multipropriété. Les propriétaires de l'île sont elle, son mari et un autre soûlard. Mon peu de connaissances juridiques me fait penser que chaque partenaire est responsable de toutes les dettes de la communauté. Enquêtez sur cette affaire et établissez un compromis raisonnable pour le partage des biens. Si vous ne le faites pas, je dirai à ma patiente de proposer à la compagnie qui détient la traite de 200 000 dollars de leur vendre sa part de l'entreprise pour un dollar. Ils en prendront la gestion et y installeront leur propre directeur. Et ils saisiront les biens hypothéqués. » J'ai dit aussi à cette femme qu'elle aura à regagner le respect de ses enfants après avoir gaspillé tant d'argent à soutenir si longtemps son mari. Elle devrait aussi vendre sa maison puisque son mari doit en acheter une dans le même quartier. L'avocat s'est exécuté.

Quand Erickson rencontre le couple dans la salle d'attente

Haley — Nous avions commencé à parler du choix de voir deux personnes ensemble plutôt qu'une. Y a-t-il des cas où vous *devez* recevoir les deux conjoints ensemble dès le départ ?

Erickson — En général, je rencontre le couple dans la salle d'attente. Presque invariablement je leur demande : « Bien, lequel d'entre vous souhaite me voir en premier ou souhaitez-vous me voir ensemble ? » Puis j'observe leur expression et le mouvement de leur tête. S'ils se regardent, comme pour dire : « N'as-tu pas envie de venir avec moi ? », alors je les fais entrer tous les deux. Quand le mari me regarde avec horreur et a envers sa femme un geste ou une attitude montrant qu'elle doit entrer la première, je me tourne vers elle pour voir si elle le désigne pour être le premier. Dans ce cas je les invite à venir ensemble. S'il la désigne et qu'elle a l'air de s'y attendre, je la reçois d'abord. Parfois c'est le mari le premier. Dans certains cas, le mari me dit : « Je veux vous voir avant que vous n'entendiez ma femme. » Une autre fois c'est la femme : « J'aimerais parler avec vous avant que vous ne voyiez mon mari. » Alors je me conforme à leur désir, mais pas toujours, car il m'arrive de leur dire : « D'accord, mais imaginons que pour m'aider à mieux comprendre je vous vois ensemble pendant cinq ou six minutes et, après, je recevrai l'un d'entre vous. » Le but est d'éviter une attitude trop impérative de leur part pour me dicter qui je dois voir en premier. S'ils veulent prendre la direction des opérations, je la reprends. Je dis cinq ou six minutes mais parfois trois ou quatre.

Haley — Et vous vous y tenez ?

Erickson — Oui. Je peux prolonger l'entretien jusqu'à 15 ou 20 minutes, mais presque toujours je m'en tiens à trois ou quatre. Parce que c'est la meilleure chose à faire. Puis je peux les faire ressortir et effectuer mon choix de nouveau au bout de 3 ou 4 minutes. Vous voyez, en disant « trois ou quatre minutes » ou « je vais voir l'un de vous deux, deux ou trois minutes », vous posez déjà une limite. Vous vous donnez la possibilité de construire le cadre de travail.

Haley — Et, à votre avis, y a-t-il certains types de problèmes où la présence des deux époux est nécessaire pour trouver une solution ?

Erickson — De temps à autre, si tous les deux réagissent de façon très paranoïaque à l'égard de leur conjoint, vous souhaitez commencer l'entretien avec les deux pour cadrer d'emblée votre rôle.

Haley — Comment faites-vous cela ?

Erickson — C'est très simple. Mettons que, pendant une heure, le mari sorte un tas de trucs paranoïaques, parfois très subtils. Vous vous tournez vers la femme et vous dites : « Il pense qu'il est vraiment sincère dans ses déclarations, n'est-ce pas ? » Après avoir entendu cela, elle a dans la tête : « Il est de *mon* côté. » Le mari imagine : « Il est de *son* côté. » Puis, je me tourne vers lui : « Maintenant, par élémentaire courtoisie, écoutons les commentaires de votre femme. » Elle va répliquer avec la même subtilité paranoïaque, car elle a été mise sur la défensive. Et je m'adresse au mari en faisant les mêmes remarques. *(Rires.)* La femme pense brusquement : « Il est de mon côté et, en même temps, il soutient mon mari. » Le mari réagit de même. Je leur laisse à peine le temps de le découvrir et je poursuis : « Maintenant, vous êtes venus me demander de l'aide. Vous voulez certainement me voir considérer avec sympathie vos deux versions de l'affaire pour nous permettre d'atteindre l'*exacte* vérité. Je suis sûr que, tous les deux, vous n'avez pas peur de cette exacte vérité. » Vous voyez, je définis l'exacte vérité comme ma perception du conflit. Je les ai mis tous les deux de mon côté et tous les deux ont pensé que j'étais du leur. Et soudain ils réalisent que je suis du parti de l'exacte vérité avec leur totale coopération.

Haley — En général, pour travailler avec eux, vous sentez que vous devez former une coalition avec le couple ou être du côté des deux.

Erickson — Habituellement, oui. De temps à autre vous pouvez prendre une attitude complètement différente. Quand le plus véhément d'entre eux commence ses vociférations et que vous voyez le degré de déraison qu'il va atteindre, vous vous tournez vers l'autre et vous lui dites : « Il croit sincèrement tout cela ; il en est convaincu. Et vous, vous savez qu'une grande partie, peut-être le tout, n'est pas vraiment fondé. Vous voudriez lui faire entendre ce qui a une base raisonnable. Vous voulez lui voir rejeter tout ce qui ne l'est pas, de même qu'il souhaite renoncer à tout ce qui ne s'accorde pas au reste. » Ainsi vous justifiez les vociférations de l'un et vous demandez à l'autre une parfaite objectivité. Mais vous dites aussi à l'accusateur véhément que vous n'accepterez pas son manque d'objectivité et qu'il devra être d'accord avec vous sur ce point tout au long du traitement. Je semble, par-là, être très directif et exercer un contrôle délibéré. En réalité, je fournis à l'autre conjoint la possibilité de mettre de l'ordre dans ses pensées. Je lui fais seulement remarquer : « Il y a quelques dizaines d'autres voies à explorer sur votre route, que vous n'avez même pas aperçues. » Je le rend plus conscient du fait qu'il existe d'autres façons de comprendre la situation. A mon avis, la meilleure illustration à donner de ceci est celle des énigmes à raisonnement multiple.

7

CHANGEMENTS DE POINTS DE VUE ET TECHNIQUES D'ENTRETIEN

Milton Erickson, Jay Haley et John Weakland

Milton Erickson — Pour tenter de résoudre un problème, bien des gens restent dans le cadre de la situation. Si vous pouvez les faire sortir de ce cadre, vous leur montrez qu'ils sont capables d'aller au-delà des limites immédiates de ce problème affectif. Toup à coup, ils découvrent qu'il existe d'autres points de vue, d'autres possibilités, d'autres formes de compréhension. Vous le leur dites simplement ou vous les obligez à sortir des limites immédiates de cette configuration émotionnelle. Il n'y a rien de mal à cela. Vous pouvez prolonger indéfiniment la séance jusqu'à ce que, fortuitement, ils changent de configuration.

Jay Haley — Pouvez-vous nous donner un exemple ?

L'homme qui découvre en quoi sa femme est différente des autres femmes

Erickson — Oui. Joe m'a parlé pendant tout l'après-midi, de façon répétitive, de sa charmante femme, si douce. Seulement il n'arrive pas à la comprendre. Il ne voit pas ce qui cloche entre eux. Chaque fois qu'il doit s'absenter, sa femme se sent seule et un de ses amis vient la voir. Il est content d'avoir ses amis à la maison et d'éviter à sa femme la solitude. Il mentionne le fait qu'un de ces amis a oublié un tube de dentifrice sur le lavabo de la salle de bains ou a laissé une lame de rasoir usagée venant d'un rasoir différent du sien. Et il continue à me raconter l'histoire de son conflit avec sa femme, leurs disputes et querelles permanentes, et le fait que sa femme a des poux pubiens, en raison de son travail social dans un quartier pauvre de la ville.

Finalement, après m'avoir redit son histoire une demi-douzaine de fois, il me dit : « Vous savez, s'il s'agissait de n'importe quelle autre femme, je dirais qu'elle a des liaisons. » Moi : « En quoi votre femme est-elle différente des autres femmes ? » Lui : « Mon Dieu, ma femme *est* comme n'importe quelle femme. » Et il reprend le même récit en reconnaissant le sens du tube dentifrice dans la salle de bains, ce que signifie la lame de rasoir usagée, un élément après l'autre. J'étais au courant de ces liaisons ; elle était venue me voir secrètement. Elle voulait lui en faire prendre conscience de manière à rompre ou à reconstruire leur vie de couple sur une autre base. Leur mariage a été heureux. Leurs enfants grandissent. Grâce à Dieu, il a conservé le même emploi depuis 25 ans. Quelle découverte, quel extraordinaire récit, un détail après l'autre !

Haley — Vous proposez cela comme un exemple d'entretien poursuivi jusqu'à ce que, par hasard, il ouvre les yeux.

Erickson — Je prolonge l'entretien. J'ai commencé à lui faire raconter son histoire vers une heure de l'après-midi. Il me donne tous les détails sans avoir conscience de leur signification. Comment Jack, Ray ou John viennent passer des week-ends avec sa femme. La façon dont il en parle implique que Jack est parti le samedi à l'heure du dîner, est revenu le dimanche matin pour repartir à l'heure du dîner. Ils ont écouté des disques, etc. Un détail après l'autre, tout y est, les deux faisant la vaisselle du petit déjeuner. Je me demande si elle prend deux petits déjeuners. Ce tube dentifrice différent et inhabituel qu'il méconnaît. Et cela continue jusqu'à six heures du soir, quand il dit : « S'il s'agissait d'une autre femme — En quoi diffère-t-elle des autres femmes ? » C'est alors qu'il sort de sa configuration habituelle et perçoit l'affaire. Et il a un doctorat en psychologie.

Haley — Comment cette question : « En quoi votre femme est-elle différente des autres femmes ? » Vous sert-elle à le tirer hors du contexte ?

Erickson — Nous ne discutons pas son problème à cet instant. C'est une question générale, d'ordre philosophique : « En quoi sa femme diffère-t-elle des autres femmes ? » C'est tout. Et il commence d'abord sur une base purement objective et philosophique jusqu'à ce que, soudain, il comprenne : « Mon Dieu, elle *est* comme les autres femmes. » Tout l'après-midi j'ai attendu qu'il sorte un truc dans lequel je puisse introduire ce genre de question. C'est pourquoi je l'ai laissé répéter son histoire encore et encore, écoutant toujours dans l'espoir d'une petite remarque par laquelle je pourrais l'arracher à cette vue rétrécie de la situation. En thérapie, vous avez toujours l'occasion de tirer un patient hors de son modèle pour lui donner une vision plus objective ; et ensuite ils ne peuvent plus rien contre la nouvelle découverte.

John Weakland — En quel sens ne peuvent-ils rien contre ?

Erickson — Eh bien, une fois admis que sa femme est « comme les autres femmes », il reprend l'histoire de bout en bout en identifiant correctement chaque élément. J'ai arrangé un rendez-vous pour lui et sa femme le lendemain. Je dis à la femme : « Asseyez-vous là et surtout taisez-vous. Votre mari a quelque chose à vous dire. » Et il débite toute l'histoire, un détail après l'autre, froidement, posément, identifiant le tube dentifrice, les lames de rasoir, la vaisselle du petit déjeuner, l'achat pour le petit déjeuner de choses qu'il ne mange jamais. Il énumère les factures d'épicerie dans lesquelles il y a des provisions de petit déjeuner pour permettre d'en préparer un spécial pour un de ses amis. Une autre fois, pour un autre ami. Il a retenu tout cela inconsciemment, l'a complètement refoulé, mais l'a conservé dans sa mémoire, comme un inventaire.

Haley — Et vous vouliez que leur confrontation se déroule en votre présence ?

Erickson — Oh oui. Il a sorti d'un trait toute sa collection d'exemples.

Weakland — Vous deviez connaître l'histoire par cœur ; c'était au moins le troisième récit.

Erickson — J'avais aussi eu celui de sa femme. *(Rires.)*

Haley — Et vous lui avez prescrit de ne rien dire à sa femme en rentrant ? Mais de venir ici le lendemain pour en parler avec elle ?

Erickson — Oui. À elle j'ai dit que je verrai son mari ce samedi-là dans l'après-midi et qu'elle ferait mieux d'aller faire un tour ailleurs. Qu'elle ne revienne pas en ville avant le dimanche matin. Revenir le dimanche matin et me téléphoner. Ainsi j'ai donné rendez-vous à chacun d'eux pour la confrontation. Il a été jusqu'au bout de l'affaire pendant qu'elle restait là, muette, visiblement bouleversée, stupéfaite de l'acuité de son savoir inconscient.

Quand il eut terminé, j'ai dit à la femme : « Vous pouvez aller dans la pièce à côté pendant que je discute avec votre mari de la prochaine étape. » Vous voyez, la confrontation, elle la voulait. Il l'a affrontée, il a été jusqu'au bout et a eu cette tacite et silencieuse reconnaissance des faits par elle. Puis, elle est renvoyée. Alors Joe dit : « Que dois-je faire ? » Moi : « Vous devez y penser sérieusement. Voulez-vous continuer votre vie de couple, souhaitez-vous une séparation, un divorce ? » Lui : « Je l'aime énormément. J'aimerais expédier tout cela dans le passé. » Moi : « Ce sont des propos irréfléchis. Je vous propose de revenir dans une semaine. Entre-temps ne la voyez pas. Menez votre réflexion tout seul. »

Il rentre chez lui. Sa femme va à l'hôtel et je lui fais part du prochain rendez-vous. Quand je les vois, la semaine suivante, je mets Joe K.O.

d'entrée de jeu, en faisant une chose dont il ne savait pas avoir besoin. Sa femme arrive à la même heure que lui, s'assied et je lui demande : « Avant de commencer l'entretien qui va déterminer votre avenir, j'ai une question à vous poser : pendant la semaine que vous avez passée à l'hôtel, étiez-vous seule à occuper votre lit ? »

Alors il dit : « Je savais que je devais lui poser une question, mais j'avais beau essayer tant et plus, je n'arrivais pas à la formuler. » Elle répond : « J'ai été tentée plusieurs fois mais, bon, j'ai pensé que Joe voudrait peut-être me reprendre. Je sais que je veux revenir. Je n'ai pas voulu prendre ce risque pour quelques minutes de plaisir. »

Haley — Cela les a probablement réconciliés.

Erickson — Oui. Il y a eu très peu de discussion sur ses liaisons. J'ai dû poser à peu près toutes les questions personnelles, certaines à lui, d'autres à elle. À lui : « Joe, votre bon ami Jack... » Lui : « *C'était* un bon ami. Je vais lui dire son fait à la première occasion. Je lui dirai tout simplement : "Je pense que tu es un parfait salaud" ou quelque chose de ce genre. » Je demande à sa femme : « Et avec Bill ? » Voyez, il y a une demi-douzaine de copains de "collège" avec lesquels elle a une liaison. Elle me les a tous décrits. Je sais sur lesquels Joe mettra l'accent, alors je l'interroge, elle, sur les autres — juste pour s'en débarrasser.

Haley — C'est la seule discussion sur les aventures passées.

Erickson — Un an après, je leur ai demandé, à chacun séparément, si le sujet était revenu dans la conversation. Joe m'a dit : « Non, cela m'a traversé l'esprit plusieurs fois, mais Anne et moi faisons des projets pour notre famille. Nous discutons des dépenses du ménage, de notre organisation économique, de ce que nous voulons économiser, du type de loisirs qui nous permettra d'épargner de l'argent. » Je dois vraiment leur écrire pour savoir s'ils ont eu d'autres enfants après leurs deux filles.

Haley — Et vous n'avez pas cru nécessaire qu'ils expriment leurs sentiments à ce sujet ?

Erickson — Il dit : « Mon Dieu, elle n'est pas différente des autres femmes. » Et il reprend l'histoire. Tout un après-midi à raconter ça tranquillement. Avec, soudain, cette irruption de l'insight, il crie, il agite les mains et saute sur sa chaise. C'est une catharsis très violente. Quand il affronte sa femme... Cette mâchoire serrée, cette voix tellement véhémente quand il énumère un détail après l'autre. Elle reste assise docilement. « Asseyez-vous et taisez-vous. » Et je veux vraiment qu'elle se taise, car Joe fait quelques petites erreurs dans son récit et elle doit accepter ces erreurs.

Haley — Vous ne voulez pas qu'elle se défende.

Erickson — Non, voyez-vous, si je lui permets de se défendre, elle va modifier la situation. Elle doit accepter les erreurs de Joe et ressentir sa culpabilité. Et comment pourrait-elle se sentir coupable de toutes *ces* choses si elle est en train de se préparer au combat ? Si elle ne se défend pas, son émotion subsiste : « Je peux encore encaisser ce discrédit. » En d'autres termes, c'est de l'autopunition, se frapper soi-même à coups de trique, la trique fournie par son mari. C'est une catharsis émotionnelle pour elle.

Pendant des années, je les ai rencontrés dans des congrès. Bon nombre d'années plus tard, je parlais avec Joe et nous remuions des souvenirs, y compris des choses se rapportant à la période juste antérieure ou postérieure à ces événements. Joe s'est souvenu : « Oui, c'est le moment où j'ai découvert que ma femme était comme les autres. » Elle m'a dit aussi que leur mariage avait été heureux. Ces deux petites filles venaient clairement d'une famille heureuse.

Haley — Voyons bien votre plan : vous les recevez séparément, puis vous les réunissez pour la confrontation et, immédiatement, vous les séparez à nouveau. Après qu'il l'ait affrontée avec tout ce bazar, vous ne voulez pas de discussion entre eux.

Erickson — Je ne veux pas de discussion car elle les ramènerait à leur modèle de pensée antérieur. S'il y a discussion, il va penser : « Bon, si j'avais dit ceci. » Elle pensera : « Si j'avais pu répondre cela. » Et cela renforce l'ancien modèle. Si vous organisez la confrontation et ensuite la séparation, on ne peut pas discuter, ou seulement quand l'affaire s'est refroidie. C'est totalement différent d'une situation chauffée au rouge.

Weakland — Vous disiez que vous leur avez donné rendez-vous à la même heure. Savaient-*ils* que l'autre serait là avant d'entrer chez vous ?

Erickson — Non.

Weakland — De sorte qu'ils ne pouvaient pas s'y préparer.

Erickson — Ce que *je* fais ne les regarde pas. Chacun d'eux a une tâche majeure à accomplir. Tous les deux arrivent en s'attendant à me voir seul. Sans aucune préparation. Ensuite, bien sûr, en ma présence, cela n'a pas été trop difficile à faire, de les empêcher de revenir au passé, car je voulais connaître l'avenir, non le passé.

Weakland — Donc vous créez le cadre que vous souhaitez et vous les empêchez tous les deux de s'organiser à l'avance ou de le remanier après.

Erickson — Oui, car le remaniement n'a aucun sens, à mon goût. Ils ont tous les éléments, moi aussi. Une seule question se pose : « Est-ce la fin de votre relation ou le commencement d'une nouvelle ? » Si elle se termine, point final. Si c'est le début d'autre chose, que voulez-vous faire de cette nouvelle relation ? Autrement dit, quittez-vous la vieille maison pour emménager dans une neuve ? Si vous emménagez, d'accord, parlons de récurer la cuisine, de nettoyer le sous-sol, etc. Que désirez-vous dans cette maison neuve ? Il y a une analogie, une figure de style que j'utilise souvent : « Vous allez quitter la vieille maison et laisser là tout l'ancien mobilier. Dans quel endroit voulez-vous la maison neuve ? Ce serait dans un autre quartier de la ville, avec vue sur autre chose, une maison complètement différente avec un nouveau mobilier et un autre agencement. Alors que voulez-vous dans votre maison neuve ? »

Haley — Dans cette situation, ne pensez-vous pas qu'elle aurait besoin de... disons se défendre en montrant comment son mari n'a pas répondu à son attente et comment, de ce fait, elle a eu ces liaisons ?

Erickson — Parmi d'autres, je lui ai posé cette question précise : « De quelle façon souhaitez-vous que Joe vous fasse l'amour à l'avenir ? La fréquence, la durée ? » Elle devait répondre à ces simples questions.

Haley — Pensez-vous qu'il va livrer la commande en se conformant à ses désirs ?

Erickson — Non. Je lui ai fait remarquer : « Vous avez exposé vos souhaits. Maintenant voyons ce que Joe désire. » Voyez, je me sers toujours d'analogies. Je ne sais pas laquelle j'ai utilisée, mais celle-ci me vient à l'esprit : « Supposons que Joe vous invite à dîner dans un restaurant. Quand vous avez vu la carte, vous savez ce que vous désirez. Joe sait ce qu'il souhaite. Mais la décision dépend *d'une* chose, le contenu de votre portefeuille. Se situer dans la réalité. Et donc, tous les deux, vous ajustez vos désirs aux possibilités réelles. Joe a une certaine capacité de vous aimer comme vous le souhaitez. Vous avez une certaine capacité de l'aimer comme il le désire. Il faut avoir dans le restaurant l'attitude intelligente qui vous permettra de manger. » *(Rires.)*

Haley — Si vous avez deux personnes dans une pièce et que vous voulez conduire la conversation de manière soit à encourager l'un à parler davantage, soit l'autre à se taire pour laisser s'exprimer le premier, quelle technique utilisez-vous ?

Erickson — Dans le cas où vous ne pouvez pas leur dire directement ?

Haley — Oui, vous dites à la femme que vous voudriez entendre le point de vue de son mari et elle conserve un débit de mitraillette. Puis vous lui demandez de se taire parce que vous aimeriez connaître la façon de voir les choses de son mari et elle continue toujours. Que faites-vous alors ?

Erickson — Je leur dis : « Je souhaite encore entendre le point de vue de votre mari mais vous continuez à parler. C'est, je crois, à cause de votre ardent désir de me faire comprendre la situation. Avez-vous un tube de rouge à lèvres ? Voulez-vous le sortir de votre sac ? Cela va vous paraître ridicule mais je vous propose de le tenir comme ceci. Mettez-le juste ainsi (contre les lèvres) et je vais poser quelques questions à votre mari ; notez quand vos lèvres commencent à bouger. Vous allez, je pense, trouver cela très intéressant. » Je connais une dame qui a été fascinée de surveiller ainsi le frémissement de ses lèvres sur son bâton de rouge. *(Rires.)*

Haley — Elle ne devait plus oser les remuer.

Erickson — Mais vous lui avez procuré une utilisation valable de ses lèvres. Elles ne comprennent pas vraiment. C'est amusant.

Haley — Vous avez mentionné un de vos moyens de faire exprimer — habituellement à un homme — ce qu'il a dans la tête, en lui parlant de son courage. Avez-vous d'autres moyens d'y parvenir ? Quand vous recevez un couple dont un conjoint, qui a clairement des choses à dire, se tait.

Erickson — « Je ne sais pas combien de choses vous avez remarquées qui mériteraient d'être répétées ici. » Puis vous vous tournez vers l'autre conjoint et vous le laissez parler ; alors le premier a encore plus de choses à exprimer. Une troisième fois : « Avez-vous décidé exactement comment vous allez me redire cela ? » Vous le frustrez en vous tournant vers le bavard. Vous savez que la frustration pousse les gens à parler. Je pense à un de mes patients aphasiques : « Comment vous appelez-vous ? Quel âge avez-vous ? Où habitez-vous ? De quelle ville êtes-vous originaire ? De quelle équipe de football êtes-vous le supporter ? » À chaque fois le patient va essayer de répondre mais, avant de laisser se former le mouvement de ses lèvres, vous posez la question suivante. Et encore une. C'est une façon très, très efficace de faire céder l'aphasie. Le patient se tait, vous posez une question, vous amorcez une pause, vous ne lui laissez pas le temps de répondre, vous posez la question suivante. Vous êtes tellement consciencieux, cela les frustre jusqu'à ce que, finalement, ils explosent : « Mais taisez-vous donc, la réponse est... »

Haley — Vous faites de même en suggérant à l'un de redire une chose et en vous tournant vers l'autre sans lui donner la possibilité de dire un mot.

Erickson — Oui, et, dans mon enseignement en médecine, j'utilise cette technique avec ceux qui hésitent à intervenir.

Haley — Vous voulez dire que vous leur posez une question et ne leur laissez pas le temps de répondre ?

Erickson — Exactement.

Haley — On peut avoir un autre point de vue sur ce sujet. Quelqu'un qui hésite à vous répondre vous tient, en quelque sorte, et il peut continuer à le faire si vous passez immédiatement à la question suivante. Quand vous faites cela, vous l'obligez à s'y prendre autrement avec vous.

Erickson — Ils doivent s'y prendre autrement avec vous. La seule chance qui leur est donnée est dans votre main. Ils doivent larguer *leurs* amarres. Ils doivent se raccrocher à quelque chose de neuf et la seule nouveauté possible est ce que vous leur présentez : « C'est votre premier entretien avec moi. Vous me dites que vous voudriez me raconter des choses très douloureuses. En d'autres termes, si je comprends bien, des choses que vous préféreriez garder pour vous. À mon avis, vous ne devriez pas me dire ce que vous ne supportez pas de raconter. Dites-moi ce que vous pouvez exprimer avec le minimum de souffrance et gardez pour vous ce qui est insupportable à dire tout haut. » Ils commencent leur récit et, à la fin de l'heure, ils vous disent : « Mais je vous ai raconté tout ce que je ne croyais pas pouvoir vous dire. » Que font-ils ? C'est la question permanente : « Puis-je supporter de livrer ceci ou non ? Je suis libre de le garder pour moi. Mais, oh, j'estime que je pourrais le dire. » Ils votent toujours en faveur du dire.

Une femme m'a dit : « J'ai vu plusieurs autres psychiatres. Il me faut au moins 10 ou 20 heures avant de commencer à me livrer. Habituellement je passe ces 10 à 20 heures à perdre mon temps et à parler de choses ineptes. » Alors je lui ai dit : « Très bien, mettons-nous bien d'accord. Je vous prie de garder pour vous ce que vous ne supportez pas de raconter. » À la fin de l'heure, elle a déclaré : « Vous savez, je vous en ai dit davantage que je n'en ai jamais livré à quiconque. » C'est donc un récit continu où l'on retarde toujours le moment de retenir quelque chose.

Haley — J'imagine que vous pouvez agir de même avec un couple, en leur disant : « Abstenez-vous de dire ce qui ferait de la peine à votre conjoint. »

Erickson — Bien sûr. « Maintenant je souhaite entendre vos deux récits, mais il y a certainement des choses que vous vous abstiendrez de dire. Vous le ferez parce que vous préférez entendre votre femme me les dire plutôt que de les raconter vous-même. »

Haley — C'est un terrain glissant.

Erickson — Je le sais. Est-ce déloyal de leur demander de le décider ? « Le direz-vous ou non — ou souhaitez-vous le laisser dire par l'autre ? » C'est affronter la réalité.

Haley — Et cela suppose que tout sera dit, en posant la question de qui le dira et pas si cela sera dit ou non.

La femme qui avait été mariée 14 fois

Erickson — Oui, mais après tout, pourquoi viennent-ils ici ? Une de mes patientes avait quatorze mariages antérieurs. Elle est venue me dire : « J'ai besoin de votre aide. Il y a des choses que je garderai pour moi. Elles n'ont rien à voir avec la situation actuelle. Je n'en dirai rien et je ne veux pas que vous fourriez votre nez dans mes affaires. » J'ai répondu : « Très bien, je m'en abstiendrai, mais si vous me racontez des choses spontanément, ne m'accusez pas d'être indiscret. » Pendant ce même entretien, elle m'a dit : « Je n'avais pas l'intention de vous parler de mes deux premiers mariages. Mais, en quelque sorte, quand vous m'avez dit de garder pour moi ce que je ne voulais pas raconter, mais de ne pas vous tenir pour responsable de ce que je dirais spontanément, j'ai bien senti que je pourrais tout vous dire. » Son mari ne sait pas qu'elle a déjà été mariée quatorze fois.

Haley — Et vous les gardez[1] ! *(Rires.)*

Erickson — Il croit qu'elle a été mariée deux fois auparavant.

Weakland — Elle l'a certainement été.

Erickson — Elle me fait promettre de ne pas le dire à son mari. Elle ne voulait pas me le dire, mais c'est sorti tout seul au cours de l'entretien. Puis, je lui fais remarquer combien son mari est incroyablement gentil et patient avec elle. Il la laisse faire des chèques sans provision et compense les pertes. Elle se met en colère, emboutit sa voiture. Il travaille dur pendant qu'elle le trompe avec d'autres hommes. C'est un moment difficile pour lui, où il doit prendre la décision de continuer ou non à vivre avec elle. Ne devrait-elle pas lui parler des douze autres mariages ? Elle dit : « Non. » Et moi : « Bien, c'est votre réponse, tenez-vous-y. »

Haley — Vous ne l'avez pas encouragée à le lui dire ?

Erickson — Croyez-vous qu'elle reçoive des ordres des hommes ? *(Rires.)*

Haley — Et elle le lui a dit ?

Erickson — Elle le lui a dit.

Haley — En partie parce que vous lui avez prescrit de s'en tenir à sa réponse ?

Erickson — Oui. Elle me l'a montré. J'ai d'abord eu un entretien avec le mari. Quand elle lui raconte tout, il lui dit : « Donc, tu as été mariée quatorze fois. Avec combien d'entre eux as-tu falsifié des chèques ? » Elle le lui dit. « Combien en as-tu trompés en traînant avec d'autres hommes ? » Elle le lui dit. Il conclut : « Très bien, je t'ai épousée et je t'aime, même si

1. En thérapie (N.d.E.).

tu es pute. Mais si tu recommences à m'escroquer ou à courir, je te préviens, je demande le divorce pour le motif de m'avoir dissimulé des informations essentielles. » Elle s'est raidie, dans la crainte de perdre ce quinzième mari. Ce type me plaît. Il a une personnalité forte et sympathique. Il connaît sa force et ne voulait pas l'employer contre cette femme douce, gentille, mal engagée dans la vie et névrosée, qu'il ne pouvait blâmer à cause de ses deux mariages malheureux.

Weakland — Mais avec quatorze, le tableau a une autre allure.

Erickson — Il est tout autre. L'attitude du mari change. Et je n'ai fait que m'en tenir à sa réponse. C'est sa faiblesse qui l'a fait céder, non un conseil de ma part.

Weakland — Parlons un peu des couples où chacun rend la vie difficile à l'autre.

Erickson — Et où chacun s'efforce de ne pas la rendre insupportable à l'autre ?

Weakland — Bien sûr. Je suppose que, jusqu'à un certain point, c'est toujours leur intention.

Erickson — Oui, jusqu'à un certain point. J'ai prié certaines personnes de venir dans ce bureau pour *réellement* faire passer un sale moment à leur conjoint. L'autre est assis là et encaisse. C'est un des meilleurs moyens d'amener un mari à franchir le pas pour entendre le point de vue de sa femme et pour une femme de prendre en considération celui de son mari.

Haley — Vous avez effleuré l'idée d'engager deux personnes dans un pacte d'autopunition. Pouvez-vous nous donner l'exemple d'un cas où vous avez impliqué un couple dans un truc de ce genre.

Le mari qui doit trouver les bouteilles de whisky cachées par sa femme

Erickson — Oui. C'est une femme alcoolique, gravement intoxiquée. Buvant en secret. Elle cache toutes ses bouteilles. Son mari est au bureau toute la journée. Et chaque soir ils ont une bagarre parce qu'elle est ivre et qu'il en est furieux. Pour lui, un *bon* week-end consiste à s'asseoir dans un fauteuil confortable pour lire *Business Week* ou un quotidien du type *Wall Street Journal* ou le *New York Times* du dimanche de la première à la dernière page. C'est son idée des loisirs du week-end. Elle préfère aller dans le jardin, s'occuper des fleurs et, quand personne ne la voit, sortir une bouteille de whisky, cachée dans le sol, et la porter à ses lèvres. Elle aime vraiment le jardinage. Elle aime aussi le whisky.

Donc je les fais venir tous les deux à mon bureau et j'explique comment il rentre à la maison tous les soirs et tente laborieusement d'imaginer où elle a pu cacher sa bouteille de whisky. C'est le plaisir quotidien de la femme de la cacher. Je conclus ce marché avec eux : s'il ne trouve pas la bouteille, elle a le droit de la vider le lendemain. Je les laisse jouer quelque temps à ce jeu. Ce n'est pas un jeu agréable. Et il n'aime pas cette chasse à la bouteille ; elle prend trop de plaisir à le pénaliser. Mais, en même temps, elle perd le privilège de cacher son whisky secrètement. Elle le fait sur commande et non de cette manière coupable, honteuse et inavouée. Cela lui retire une partie de la joie de cacher de l'alcool.

Haley — Faisait-il la chasse à la bouteille en rentrant chez lui avant de recevoir votre directive ?

Erickson — Oh, il enrageait en faisant le tour de la maison pour tenter de découvrir où elle l'avait mise, et il était tellement furieux qu'il ne la trouvait jamais. Et elle enrageait de le voir chercher partout. Maintenant c'est devenu une rivalité de compétence, mais, une fois de plus, en utilisant le symptôme — son habitude de dissimuler.

Haley — Est-ce un cas où vous avez fait venir le couple ensemble pour leur donner une série de directives ?

Erickson — Oui. Et l'expression de cette femme lorsque je lui ai dit de cacher soigneusement la bouteille de whisky. Et la récompense : elle est pour *lui* s'il la trouve, pour *elle* s'il n'y parvient pas. Mais, vous voyez, ils faisaient ça depuis un bon nombre d'années — douze ans.

Haley — Cela semble changer quelque chose quand c'est fait sur commande.

Erickson — Tout à fait. Ensuite, je fais acheter une caravane par le mari et je l'envoie pêcher avec elle à Canyon Lake — sans whisky. Il déteste la pêche et elle tout autant. Je leur explique qu'être là, sur l'eau, tout seuls, dans un petit bateau, sans whisky — une garantie de sobriété —, sera bon pour sa santé à elle. Ce sera excellent pour lui d'être au grand air au lieu de rester apathique et inerte, le nez collé sur son journal. Ils utilisent maintenant leur caravane *non* pour aller à la pêche en bateau mais pour camper pendant les week-ends et ils en sont ravis. Et vous notez ce truc de cacher son whisky, ce qu'elle faisait depuis longtemps, mais délibérément. Puis lui permettre de boire la bouteille le lendemain si son mari ne la trouve pas.

Weakland — Où avez-vous dégotté l'idée du bateau ?

Erickson — Au départ, ils vivaient dans le Middle West. Je pose toujours un tas de questions exploratoires. Je découvre donc qu'elle a vécu dans une région de lacs et qu'elle les a en horreur. Je l'interroge sur la pêche, elle déteste cela. Je demande à son mari, c'est pareil. C'est tout ce dont j'ai besoin.

Haley — Vous supposez que le fait de vivre une situation pénible crée un déclic et peut les conduire à la remplacer par un week-end agréable.

Erickson — J'ai justifié l'épreuve. Être dans la nature, faire un peu d'exercice, se libérer de l'odeur de renfermé des vieux livres et des vieux journaux, se débarrasser du whisky. Le grand air, le soleil, l'exercice physique. Et maintenant c'est le camping. Je n'ai pas vu cette femme depuis deux mois mais elle m'écrit. La caravane marche bien et ils campent dans tous les coins de l'Arizona.

La femme, le mari et la bonne

Haley — Dans quels autres cas estimez-vous nécessaire de voir les couples ensemble ?

Erickson — Un jeune mari, dont la femme est en voyage, séduit la bonne, une fille très ordinaire, un peu débile et ayant vécu dans la promiscuité sexuelle. Il le fait dans le lit de sa femme, qui le découvre à son retour et arrive chez moi en larmes. Elle ne laissera jamais son mari revenir à la maison et elle est furieuse contre la bonne. Je les reçois chacun en entretien particulier, et le mari est bourrelé de remords. La bonne, tout effrayée, regrette son acte. Puis je les fais venir tous les trois pour une séance ensemble. J'organise la conversation de façon que chacun puisse parler aux deux autres. Le mari a beaucoup à dire à sa femme et à la bonne, car elles se sont liées contre lui. La femme a des reproches à faire à son mari et à la servante. Cette dernière peut protester contre la manière dont le couple la traite. C'est une situation très dramatique et le fait d'être ici ensemble leur permet vraiment d'exprimer leurs sentiments l'un envers l'autre. J'exige que le mari respecte le chagrin et le ressentiment de sa femme et j'exige aussi qu'elle regarde dans quel état pitoyable il est. Et je laisse le mari se retourner contre son employée pour la blâmer, et celle-ci rejeter la responsabilité sur lui.

C'est une situation pénible pour tout le monde, mais elle sauve le couple. Le mari et la femme décident d'envoyer cette pauvre fille dans un autre État où elle a de la famille. Je m'arrange pour que la femme oblige l'employée à emballer les affaires du mari et à les porter dans le jardin pour qu'il parte vivre de son côté. Elle le jette dehors et la bonne porte les valises. Puis elle la fait rentrer dans la maison, défaire les valises, les refaire et les porter de nouveau dehors.

Ainsi je permets à la femme d'exprimer son plaisir de reprendre le pouvoir, mais je m'arrange aussi pour que le mari puisse revenir si elle l'y invite. Grâce à ces dispositions, si elle l'y autorise, il peut rentrer à la maison. Et elle décide de le laisser revenir. Elle me demande de faire savoir à son mari qu'il peut retourner chez lui. Au lieu d'accepter, je lui dis : « Oui, vous pouvez lui proposer de revenir, n'importe quel tiers peut se charger de la commission, le facteur par exemple. » Elle est très soulagée. Elle écrit une lettre à son mari et le tiers, le facteur, la lui apporte. Je ne voulais pas être le tiers, mais il en fallait un. Un tiers qui serait une extension d'elle-même.

Haley — Je suppose que s'ils s'étaient remis ensemble sans ces dispositions, le sujet sensible serait revenu sur le tapis encore et encore.

Erickson — Il l'a été deux ans plus tard quand la bonne est revenue et a demandé à reprendre son travail. *(Rires.)* Ce sont deux alliés qui ont fait irruption dans ce bureau : « Qu'allons-nous faire de cette espèce d'idiote ? » Nous, c'était vraiment un *nous* de couple.

DANS LA MÊME COLLECTION

ACKERMANS Alain et ANDOLFI Maurizio, *La création du système thérapeutique.* L'école de thérapie familiale de Rome.

ACKERMANS Alain et Van CUTSEM Chantal, sous la direction de, *Histoires de familles,* scènes de familles simulées.

ANDOLFI Maurizio, *La thérapie avec la famille.*

BEDOS F., MOINARD S., PLAIRE L., GARRABE J., *Marionnettes et marottes.*

BENOIT J.-C., *Changements systémiques en thérapie familiale,* textes classiques et actuels.

BENOIT J.-C., ROUME D., *La désaliénation systémique,* les entretiens collectifs familiaux en institution.

BERTA Mario, *Prospective symbolique en psychothérapie,* l'épreuve d'anticipation clinique et expérimentale.

BERTALANFFY Ludwig von, *Des robots, des esprits et des hommes.*

BOWEN Murray, *La différenciation du soi,* les triangles et les systèmes émotifs familiaux.

CAILLÉ Philippe, *Familles et thérapeutes,* lecture systémique d'une interaction.

CAILLÉ Philippe et REY Yveline, *Il était une fois...* du drame familial au conte systémique.

CAPLOW Théodore, *Deux contre un,* les coalitions dans les triades.

CARP C., DELLAERT R., *Images du monde chez les malades mentaux et psychothérapies.*

CIRILLO Stefano, *Familles en crise et placement familial,* guide pour les intervenants.

DARS Émile et BENOIT Jean-Claude, *L'expression scénique,* art dramatique et psychothérapie.

DEFRANK-LYNCH Barbara, *Thérapie familiale structurale,* manuel des principes et des éléments de base.

ELKAÏM Mony, sous la direction de, *Formations et pratiques en thérapie familiale.*

ELKAÏM Mony, sous la direction de, *Les pratiques de réseau, santé mentale et contexte social.*

ERICKSON Milton H., *L'hypnose thérapeutique,* quatre conférences.

EVEQUOZ Grégoire, *Le contexte scolaire et ses otages,* vers une approche systémique des difficultés scolaires.

GOUTAL Michel, *Du fantasme au système,* scènes de famille en épistémologie psychanalytique et systémique.

GUILHOT M.-A. et J., *Analyse, activation et action thérapeutiques,* vers un intégralisme analytique et prospectif.

GUILHOT J. et M.-A., JOST F., LECOURT E., *La musicothérapie et les méthodes d'association des techniques.*
GUITTON-COHEN ADAD Catherine, *Instant et processus,* analogies en thérapie familiale systémique.
HALEY Jay, *Tacticiens du pouvoir,* Jésus-Christ, le psychanalyste, le schizophrène et quelques autres.
HEIREMAN Magda, *Du côté de chez soi,* la thérapie contextuelle d'Ivan Boszormenyi-Nagy.
LAXENAIRE Michel, *La rencontre psychologique du médecin.*
LEBBE-BERRIER Paule, *Pouvoir et créativité du travailleur social,* une méthodologie systémique.
LECOURT Édith, *La pratique de la musicothérapie.*
MACGOLDRICK Monica, GERSON Randy, *Génogrammes et entretien familial.*
MADANES Cloé, *Derrière la glace sans tain,* l'art du superviseur en thérapie familiale stratégique.
MALAREWICZ Jacques-Antoine, *Cours d'hypnose clinique,* études éricksoniennes.
MALAREWICZ Jacques-Antoine, *La stratégie en thérapie,* ou l'hypnose sans hypnose de Milton H. Erickson.
MASSE Gérard et HOUSSIN Xavier, *Service social et psychiatrie de secteur.*
MONROY Michel, *Scènes, mythes et logique,* vingt exercices de lecture systémique en thérapie familiale.
NEUBURGER Robert, *L'autre demande,* psychanalyse et thérapie familiale systémique.
NEUBURGER Robert, *L'irrationnel dans le couple et la famille,* à propos de petits groupes et de ceux qui les inventent.
PLUYMAEKERS Jacques, sous la direction de, *Familles, institutions et approches systémiques.*
PRIEUR Bernard, sous la direction de, *L'anorexique, le toxicomane et leur famille.*
QUIDU Marguerite et GOT Roger, *Marginaux de la santé,* la réadaptation sociale en psychiatrie.
REY Yveline, *La thérapie familiale telle quelle...,* de la théorie à la pratique.
ROGERS Carl, *La relation d'aide et la psychothérapie.*
SELVINI Matteo, *Mara Selvini Palazzoli, histoire d'une recherche,* l'évolution de la thérapie familiale dans l'œuvre de Mara Selvini Palazzoli.
SELVINI PALAZZOLI Mara et collaborateurs, *Dans les coulisses de l'organisation,* stratégie et tactique.
SELVINI PALAZZOLI Mara et collaborateurs, *Le magicien sans magie.*
SELVINI PALAZZOLI M., BOSCOLO L., CECCHIN G., PRATA G., *Paradoxe et contre-paradoxe.*
TOMAN Walter, *Constellations fraternelles et structures familiales,* leurs effets sur la personnalité et le comportement.

DANS LA COLLECTION PSYCHOTHÉRAPIES – MÉTHODES ET CAS

BARON E., BENOIT J.-C., DEBURE E., ERLICH M., NOEL F., PELLERIN M., *Détente et mouvement en psychothérapie,* l'abord corporel thérapeutique.

BENOIT Jean-Claude, *L'équipe dans la crise psychiatrique.*

BENOIT Jean-Claude, *Le face à face en psychothérapie.*

BENOIT Jean-Claude, BERTA Mario, *La pénombre du double,* anticipation par les images positives et négatives.

BLÉANDONU Gérard, *La vidéo en thérapie,* le choc de l'image de soi dans les soins psychologiques.

BROUSTRA Jean, *Expression et psychose,* ateliers thérapeutiques d'expression.

BRUTTI Carlo, SCOTTI Francesco, *Réussir la psychiatrie alternative,* l'expérience de Pérouse.

CHAZAUD Jacques, *Traverses freudiennes,* essais de psychanalyse.

COPHIGNON Janine, GUEDJ Max, *Double thérapie,* psychanalyse et corps.

DAIGREMONT A., GUITTON C., RABEAU B., *Des entretiens collectifs aux thérapies familiales en psychiatrie de secteur.*

DENNER Anne, *Les ateliers thérapeutiques d'expression plastique.*

FABRE Nicole, *L'enfant et le rêve-éveillé,* une approche psychothérapique de l'enfant.

FABRE Nicole, *L'enfant et le rêve-éveillé-dirigé,* une étude clinique.

GARNIER Philippe, BONNOT-MATHERON Sylviane, *Le psychodrame,* une psychothérapie analytique.

GARRAUD Claude, *La bioénergie,* du risque de vivre au plaisir d'exister.

GELLMAN Charles et Josette, *Les thérapies sexuelles.*

GUILHOT Marie-Aimée et Jean, *Psychothérapie de groupe pour les couples.*

GUILHOT Marie-Aimée, LÉTUVE Alain, *Sexe, corps et groupe,* l'abord psycho-corporel en sexologie.

GUILHOT J., LE HUCHE S., PERCEAU J., RADIGUET C., *Expression scénique,* parole, plaisir et poésie.

GULOTTA Guglielmo, *Comédies et drames du mariage,* psycho-guide illustré de la jungle conjugale.

LAUTIER Françoise, *En marge de la drogue,* toxicomanes dans les appartements thérapeutiques.

MALAREWICZ Jacques-Antoine et GODIN Jean, *Milton H. Erickson,* de l'hypnose clinique à la psychothérapie stratégique.

ONNIS Luigi, *Corps et contexte,* thérapie familiale des troubles psychosomatiques.

PETIT Marie, *La gestalt,* thérapie de l'ici et maintenant.

REVERCHON François et MEYER Monique, *Psychanalyse et relaxation,* autour de la chronique d'un groupe.
SOLIE Pierre, *Mythanalyse jungienne.*
ZRIBI Gérard, *Vers une psychothérapie sociale,* le sort des adolescents et des adultes handicapés mentaux.

*
* *

DICTIONNAIRE CLINIQUE
DES THÉRAPIES FAMILIALES SYSTÉMIQUES

Sous la direction
de Jean-Claude BENOIT et Jacques-Antoine MALAREWICZ,
avec le concours de Jacques BEAUJEAN, Yves COLAS, Serge KANNAS
et de nombreuses collaborations françaises et étrangères.
Préface du professeur Paul SIVADON.

Achevé d'imprimer le 23 mars 1990
dans les ateliers de Normandie Impression S.A.
61000 Alençon

N° d'éditeur : 1779 ED 1579
N° d'impression : 900333
Dépôt légal : mars 1990